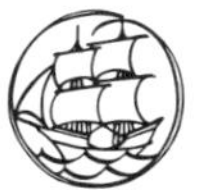

Max Beckmann

APOKALYPSE

Mit einem Nachwort von
Annette Schavan

Insel Verlag

Insel-Bücherei Nr. 1397

APOKALYPSE

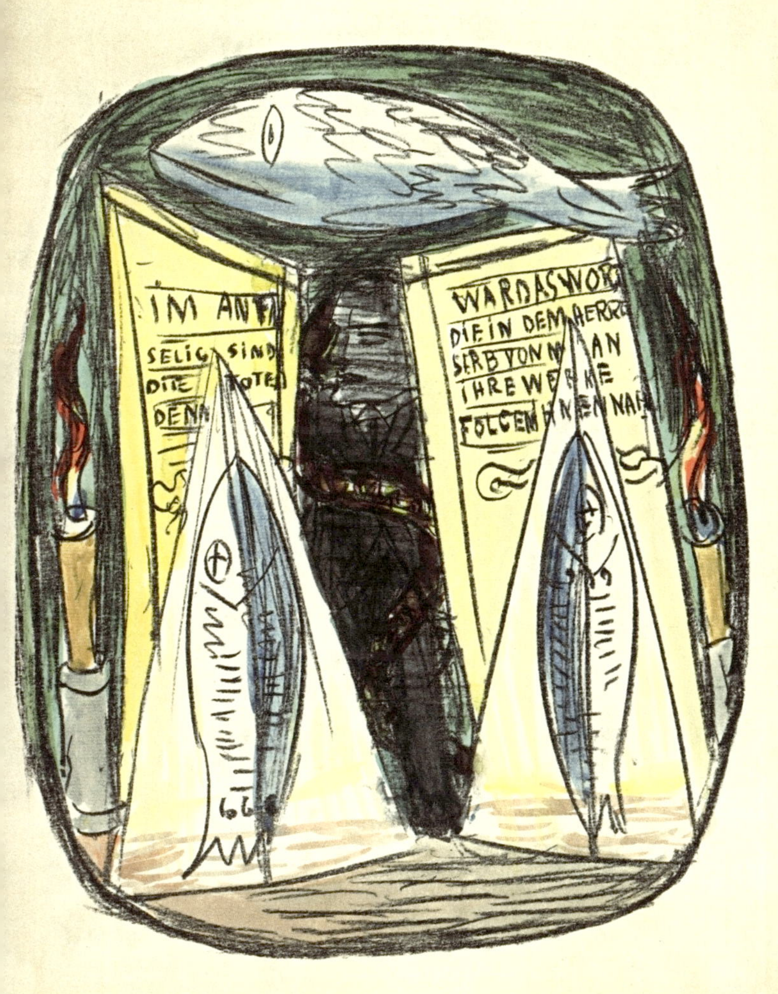

IM AN
SELIG SIND
DIE TOTE
DENN
WARDASWORT
DIE IN DEM
IHREWE

Dies ist die offenbarung Jesu Christi, die ihm Gott gegeben hat, seinen knechten zu zeigen, was in der kürze geschehen soll; und hat sie gedeutet und gesandt durch seinen engel zu seinem knecht Johannes, der bezeuget hat das wort Gottes und das zeugnis von Jesu Christo, was er gesehen hat. Selig ist, der da lieset, und die da hören die worte der weissagung und behalten, was darinnen geschrieben ist; denn die zeit ist nahe.
Johannes den sieben gemeinden in asien: Gnade sei mit euch und friede von dem, der da ist, und der da war, und der da kommt, und von den sieben geistern, die da sind vor seinem stuhl, und von Jesu Christo, welcher ist der treue zeuge und erstgeborne von den toten und der fürst der könige auf erden. Der uns geliebet hat und gewaschen von den sünden mit seinem blut, und hat uns zu königen und priestern gemacht vor Gott und seinem vater, demselbigen sei ehre und gewalt von ewigkeit zu ewigkeit! Amen. Siehe, er kommt mit den wolken, und es werden ihn sehen alle augen, und die ihn gestochen haben; und werden heulen alle geschlechter der erde. Ja, amen. Ich bin das A und das O, der anfang und das ende, spricht Gott der Herr, der da

ist, und der da war, und der da kommt, der allmächtige.
Ich, Johannes, der auch euer bruder und mitgenosse an der trübsal ist und am reich und an der geduld Jesu Christi, war in der insel, die da heißt patmos, um des worts Gottes willen und des zeugnisses Jesu Christi. Ich war im geist an des herrn tag und hörete hinter mir eine große stimme als einer posaune, die sprach: Ich bin das A und das O, der erste und der letzte; und was du siehest, das schreibe in ein buch, und sende es zu den gemeinen in asien, gen ephesus und gen smyrna und gen pergamus und gen thyatira und gen sardes und gen philadelphia und gen laodicea. Und ich wandte mich um, zu sehen nach der stimme, die mit mir redete. Und als ich mich wandte, sah ich sieben güldene leuchter und mitten unter den sieben leuchtern einen, der war eines menschen sohn gleich, der war angetan mit einem langen gewand und begürtet um die brust mit einem güldnen gürtel. Sein haupt aber und sein haar war weiß wie weiße wolle, als der schnee, und seine augen wie eine feuerflamme, und seine füße gleich wie messing, das im ofen glühet, und seine stimme wie groß wasserrauschen; und hatte sieben sterne in

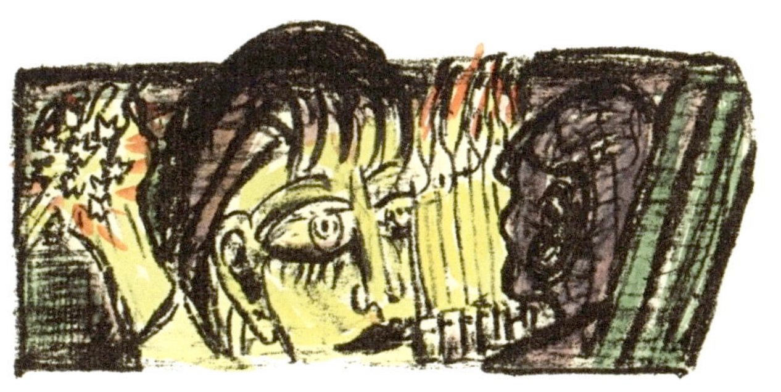

seiner rechten hand, und aus seinem munde ging ein scharf, zweischneidig schwert, und sein angesicht leuchtete wie die helle sonne. Und als ich ihn sah, fiel ich zu seinen füßen als ein toter; und er legte seine rechte hand auf mich und sprach zu mir: Fürchte dich nicht! Ich bin der erste und der letzte und der lebendige. Ich war tot; und siehe, ich bin lebendig von ewigkeit zu ewigkeit und habe die schlüssel der hölle und des todes. Schreib, was du gesehen hast, und was da ist, und was geschehen soll darnach, das geheimnis der sieben sterne, die du gesehen hast in meiner rechten hand, und die sieben güldnen leuchter. Die sieben sterne sind engel der sieben gemeinen, und die sieben leuchter, die du gesehen hast, sind sieben gemeinen.

Dem engel der gemeine zu ephesus schreibe: Das saget, der da hält die sieben sterne in seiner rechten, der da wandelt mitten unter den sieben güldenen leuchtern: Ich weiß deine werke und deine arbeit und deine geduld, und daß du die bösen nicht tragen kannst; und hast versucht die, so da sagen, sie seien apostel, und sind's nicht, und hast sie lügner erfunden; und verträgest, und hast geduld, und um meines namens willen arbeitest du und bist nicht müde worden. Aber ich habe wider dich, daß du die erste liebe verlässest. Gedenke, wovon du gefallen bist, und tu buße und tu die ersten werke! Wo aber nicht, werde ich dir kommen bald und deinen leuchter wegstoßen von seiner stätte, wo du nicht buße tust. Aber das hast du, daß du die werke der nikolaiten hassest, welche Ich auch hasse. Wer ohren hat, der höre, was der geist den gemeinen saget: Wer überwindet, dem will ich zu essen geben von dem holz des lebens, das im paradies Gottes ist.

Und dem engel der gemeine zu smyrna schreibe: Das saget der erste und der letzte, der tot war und ist lebendig geworden: Ich weiß deine werke und deine trübsal und deine armut (du bist aber reich), und die lästerung von denen, die da sagen, sie seien juden, und sind's nicht, sondern sind des satans

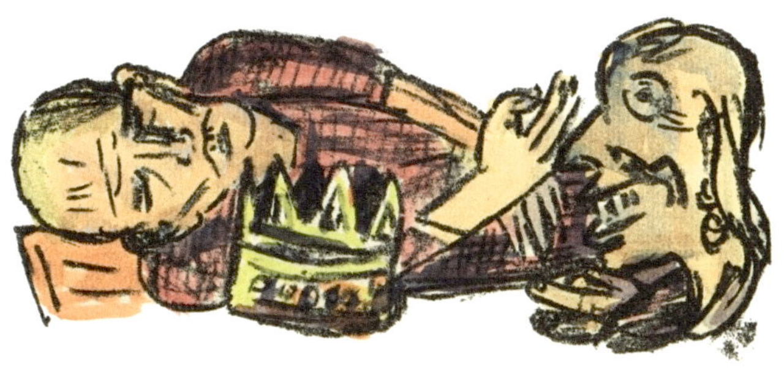

schule. Fürchte dich vor der keinem, das du leiden wirst. Siehe, der teufel wird etliche von euch ins gefängnis werfen, auf daß ihr versucht werdet; und werdet trübsal haben zehn tage. Sei getreu bis an den tod, so will ich dir die krone des lebens geben. Wer ohren hat, der höre, was der geist den gemeinen sagt: Wer überwindet, dem soll kein leid geschehen von dem andern tode.

Und dem engel der gemeine zu pergamus schreibe: Das saget, der da hat das scharfe, zweischneidige schwert: Ich weiß, was du tust, und wo du wohnest, da des satans stuhl ist, und hältst an meinem namen und hast meinen glauben nicht verleugnet, auch in den tagen, in welchen Antipas, mein treuer zeuge, bei euch getötet ist, da der satan wohnet. Aber ich habe ein kleines wider dich, daß du daselbst hast, die an der lehre bileams halten, welcher lehrete den balak ein ärgernis aufrichten vor den kindern israel, zu essen götzenopfer und hurerei zu treiben. Also hast du auch, die an der lehre der nikolaiten halten; das hasse ich. Tu buße; wo aber nicht, so werde ich dir bald kommen und mit ihnen kriegen durch das schwert meines mundes. Wer ohren hat, der höre, was der geist den gemeinen saget: Wer überwindet, dem will ich zu essen geben von dem verborgnen manna, und will ihm geben einen weißen stein, und auf dem stein einen neuen namen geschrieben, welchen niemand kennet, denn der ihn empfähet.

Und dem engel der gemeine zu thyatira schreibe: Das saget der sohn Gottes, der augen hat wie feuerflammen, und seine füße gleichwie Messing: Ich weiß deine werke und deine liebe und deinen dienst und deinen glauben und deine geduld, und daß du je länger je mehr tust. Aber ich habe wider dich, daß du lässest das weib isebel, die da spricht, sie sei eine prophetin, lehren, und verführen meine knechte, hurerei zu treiben und götzenopfer zu essen. Und ich habe ihr zeit gegeben, daß sie sollte buße tun für ihre hurerei; und sie tut nicht buße. Siehe, Ich werfe sie in ein bette, und die mit ihr die ehe gebrochen haben, in große trübsal, wo sie nicht buße tun für ihre werke, und ihre kinder will ich zu tod schlagen. Und alle gemeinen sollen erkennen, daß Ich bin, der die nieren und herzen erforschet; und werde geben einem jeglichen unter euch nach euren werken. Euch aber sage ich, den andern, die zu thyatira sind, die nicht haben solche lehre, und die nicht erkannt haben die tiefen des satans (als sie sagen): ich will nicht auf euch werfen eine andere last; doch was ihr habt, das haltet, bis daß ich komme. Und wer da überwindet, und hält meine werke bis ans ende, dem will ich macht geben über die heiden; und er soll sie weiden mit einem eisernen stabe, und wie eines töpfers gefäß soll er sie zerschmeißen, wie Ich von meinem vater empfangen habe; und will ihm geben den morgenstern. Wer ohren hat, der höre, was der geist den gemeinen sagt. Und dem engel der gemeine zu sardes schreibe: Das saget, der die sieben geister Gottes hat und die sieben sterne:

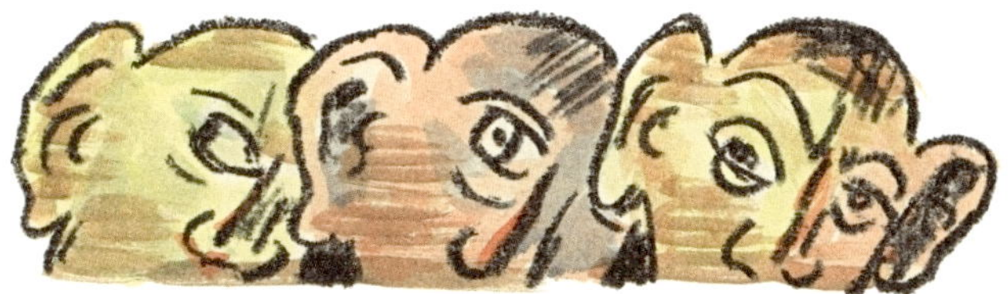

Ich weiß deine werke; denn du hast den namen, daß du lebest, und bist tot.
Werde wacker und stärke das andere, das sterben will; denn ich habe deine werke nicht völlig erfunden vor Gott. So gedenke nun, wie du empfangen und gehöret hast, und halte es und tu buße! So du nicht wirst wachen, werde ich über dich kommen wie ein dieb, und wirst nicht wissen, welche stunde ich über dich kommen werde. Aber du hast etliche namen zu sardes, die nicht ihre kleider besudelt haben; und sie werden mit mir wandeln in weißen kleidern; denn sie sind's wert. Wer überwindet, der soll mit weißen kleidern angelegt werden, und ich werde seinen namen nicht austilgen aus dem buch des lebens, und ich will seinen namen bekennen vor meinem vater und vor seinen engeln. Wer ohren hat, der höre, was der geist den gemeinen sagt.
Und dem engel der gemeine zu philadelphia schreibe: Das saget der heilige, der wahrhaftige, der da hat den schlüssel davids, der auftut und niemand schleußst zu, der zuschleußet und niemand tut auf: Ich weiß deine werke. Siehe, ich habe vor dir gegeben eine offene Tür, und niemand kann sie zuschließen; denn du hast eine kleine kraft und hast

mein wort behalten und hast meinen namen nicht verleugnet. Siehe, ich werde geben aus des satanas schule, die da sagen, sie seien juden, und sind's nicht, sondern lügen. Siehe, ich will sie dazu bringen, daß sie kommen sollen und anbeten zu deinen füßen, und erkennen, daß Ich dich geliebet habe. Dieweil du hast bewahret das wort meiner geduld, will Ich auch dich bewahren vor der stunde der versuchung, die kommen wird über der ganzen welt kreis, zu versuchen, die da wohnen auf erden. Siehe, ich komme bald; halte, was du hast, daß niemand deine krone nehme. Wer überwindet, den will ich machen zum pfeiler in dem tempel meines Gottes, und soll nicht mehr hinausgehen; Und will auf ihn schreiben den namen meines Gottes und den namen des neuen jerusalem, der stadt meines Gottes, die vom himmel herniederkommt, von meinem Gott, und meinen namen, den neuen. Wer ohren hat, der höre, was der geist den gemeinen saget.

Und dem engel der gemeine zu laodicea schreibe: Das saget amen, der treue und wahrhaftige zeuge, der anfang der kreatur Gottes: Ich weiß deine werke, daß du weder kalt noch warm bist. Ach, daß du kalt oder warm wärest! Weil du aber lau bist und weder kalt noch warm, werde ich dich ausspeien aus meinem munde. Du sprichst: Ich bin reich und habe gar satt und bedarf nichts, und weißt nicht, daß du bist elend und jämmerlich, arm, blind und bloß. Ich rate dir, daß du gold von mir kaufest, das mit feuer durchläutert ist, daß du reich werdest, und weiße kleider, daß du dich antust, und nicht offenbaret werde die schande deiner blöße; und salbe deine augen mit augensalbe, daß du sehen mögest. Welche Ich lieb habe, die strafe und züchtige ich. So sei nun fleißig, und tu buße. Siehe, ich stehe vor der tür und klopfe an. So jemand meine stimme hören wird, und die tür auftun, zu dem werde ich eingehen und das abendmahl mit ihm halten und er mit mir. Wer überwindet, dem will ich geben, mit mir auf meinem stuhl zu sitzen, wie Ich überwunden habe und bin gesessen mit meinem vater auf seinem stuhl. Wer ohren hat, der höre, was der geist den gemeinen saget.

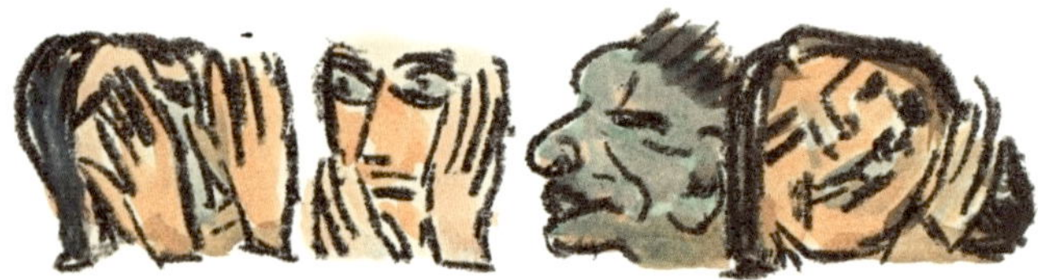

Darnach sah ich, und siehe, eine tür war aufgetan im himmel; und die erste stimme, die ich gehöret hatte mit mir reden als eine posaune, die sprach: Steig her, ich will dir zeigen, was nach diesem geschehen soll. Und alsobald war ich im geist. Und siehe, ein stuhl war gesetzt im himmel, und auf dem stuhl saß einer; und der da saß, war gleich anzusehen wie der stein jaspis und sarder; und ein regenbogen war um den stuhl, gleich anzusehen wie ein smaragd. Und um den stuhl waren vier und zwanzig stühle, und auf den stühlen saßen vier und zwanzig älteste, mit weißen kleidern angetan, und hatten auf ihren häuptern güldene kronen. Und von dem stuhl gingen aus blitze, donner und stimmen; und sieben fackeln mit feuer brannten vor dem stuhl, welches sind die sieben geister Gottes. Und vor dem stuhl war ein gläsern meer gleich dem kristall, und mitten am stuhl und um den stuhl vier tiere, voll augen vorne und hinten. Und das erste tier war gleich einem löwen, und das andre tier war gleich einem kalbe, und das dritte hatte ein antlitz wie ein mensch, und das vierte tier war gleich einem fliegenden adler. Und ein jegliches der vier tiere hatte sechs flügel, und waren außen herum

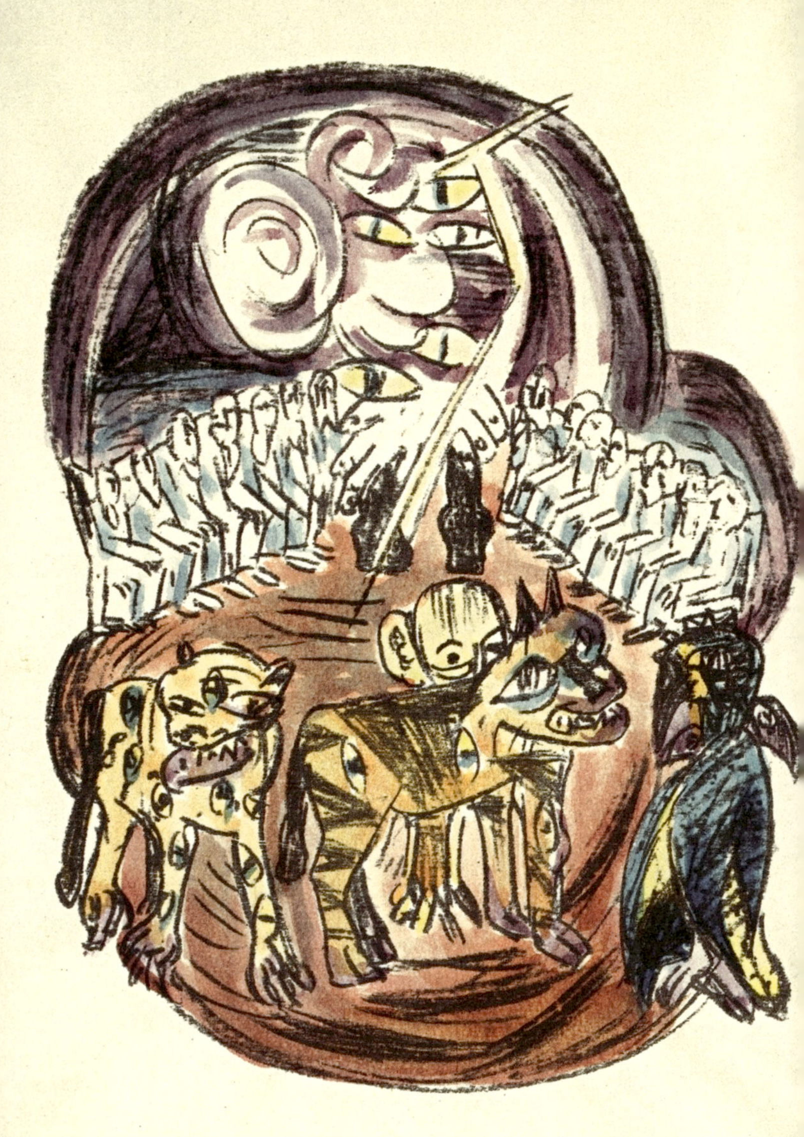

und inwendig voll augen; und hatten keine ruhe tag und nacht, und sprachen: Heilig, heilig, heilig ist Gott, der herr, der allmächtige, der da war, und der da ist, und der da kommt. Und da die tiere gaben preis und ehre und dank dem, der da auf dem stuhl saß, der da lebet von ewigkeit zu ewigkeit, fielen die vier und zwanzig ältesten nieder vor den, der auf dem stuhl saß, und beteten an den, der da lebet von ewigkeit zu ewigkeit, und warfen ihre kronen vor den stuhl und sprachen: Herr, du bist würdig, zu nehmen preis und ehre und kraft; denn du hast alle dinge geschaffen, und durch deinen willen haben sie das wesen und sind geschaffen.

Und ich sah in der rechten hand des, der auf dem stuhl saß, ein buch, geschrieben inwendig und auswendig, versiegelt mit sieben siegeln. Und ich sah einen starken engel, der rief aus mit großer stimme: Wer ist würdig, das buch aufzutun und seine siegel zu brechen? Und niemand im himmel noch auf erden noch unter der erde konnte das buch auftun und drein sehen.

Und ich weinte sehr, daß niemand würdig erfunden ward, das buch aufzutun und zu lesen, noch drein zu sehen. Und einer von den ältesten spricht

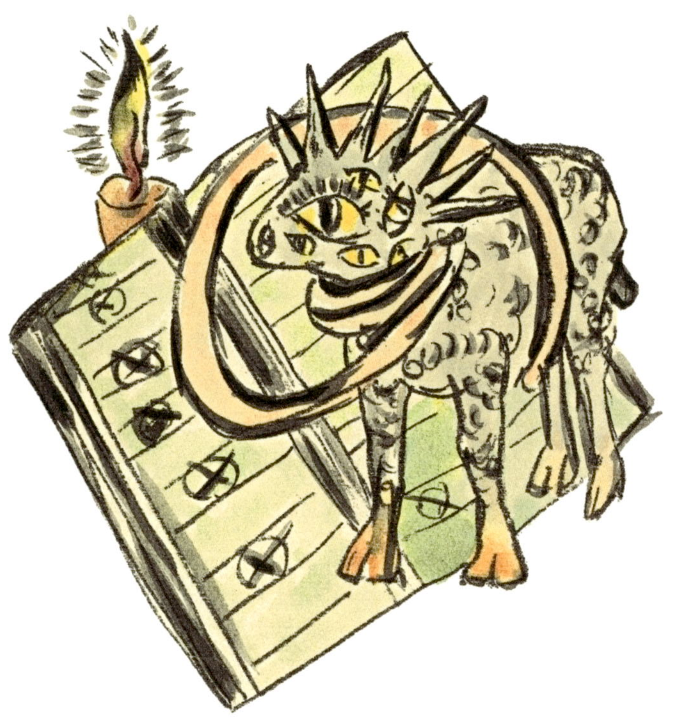

zu mir: Weine nicht! Siehe, es hat überwunden der löwe, der da ist vom geschlecht juda, die wurzel davids, aufzutun das buch und zu brechen seine sieben siegel.
Und ich sah, und siehe, mitten zwischen dem stuhl und den vier tieren und zwischen den ältesten stund ein lamm, wie es erwürget wäre, und hatte sieben

hörner und sieben augen, das sind die sieben geister Gottes, gesandt in alle lande. Und es kam und nahm das buch aus der rechten hand des, der auf dem stuhl saß. Und da es das buch nahm, da fielen die vier tiere und die vier und zwanzig ältesten nieder vor das lamm und hatten ein jeglicher harfen und güldene schalen voll räuchwerks, das sind die gebete der heiligen; und sangen ein neu lied und sprachen: Du bist würdig zu nehmen das buch und aufzutun seine siegel; denn du bist erwürget, und hast uns Gott erkauft mit deinem blut aus allerlei geschlecht und zunge und volk und heiden, und hast uns unsern Gott zu königen und priestern gemacht, und wir werden könige sein auf erden. Und ich sah, und hörte eine stimme vieler engel um den stuhl und um die tiere und um die ältesten her; und ihre zahl war viel tausendmal tausend; und sprachen mit großer stimme: Das lamm, das erwürget ist, ist würdig, zu nehmen kraft und reichtum und weisheit und stärke und ehre und preis und lob. Und alle kreatur, die im himmel ist und auf erden und unter der erde und im meer, und alles, was drinnen ist, hörte ich sagen: Dem, der auf dem stuhl sitzt, und dem lamm sei lob und ehre und preis und gewalt von ewigkeit zu ewigkeit! Und die vier tiere sprachen: Amen. Und die vier und zwanzig ältesten fielen nieder und beteten an den, der da lebet von ewigkeit zu ewigkeit.

Und ich sah, daß das lamm der siegel eines auftat; und ich hörte der vier tiere eines sagen als mit einer donnerstimme: Komm!

Und ich sah, und siehe, ein weiß pferd, und der drauf saß, hatte einen bogen; und ihm ward gegeben eine krone; und er zog aus sieghaft und daß er siegte.

Und da es das andere siegel auftat, hörte ich das andre tier sagen: Komm! Und es ging heraus ein ander pferd, das war rot; und dem, der draufsaß, ward gegeben, den frieden zu nehmen von der erde, und daß sie sich unter einander erwürgeten; und ihm ward ein groß schwert gegeben.

Und da es das dritte siegel auftat, hörte ich das dritte tier sagen: Komm! Und ich sah, und siehe, ein schwarz pferd; und der draufsaß, hatte eine waage in seiner hand. Und ich hörte eine stimme unter den vier tieren sagen: Ein maß weizen um einen groschen und drei maß gerste um einen groschen; und dem öl und wein tu kein leid.

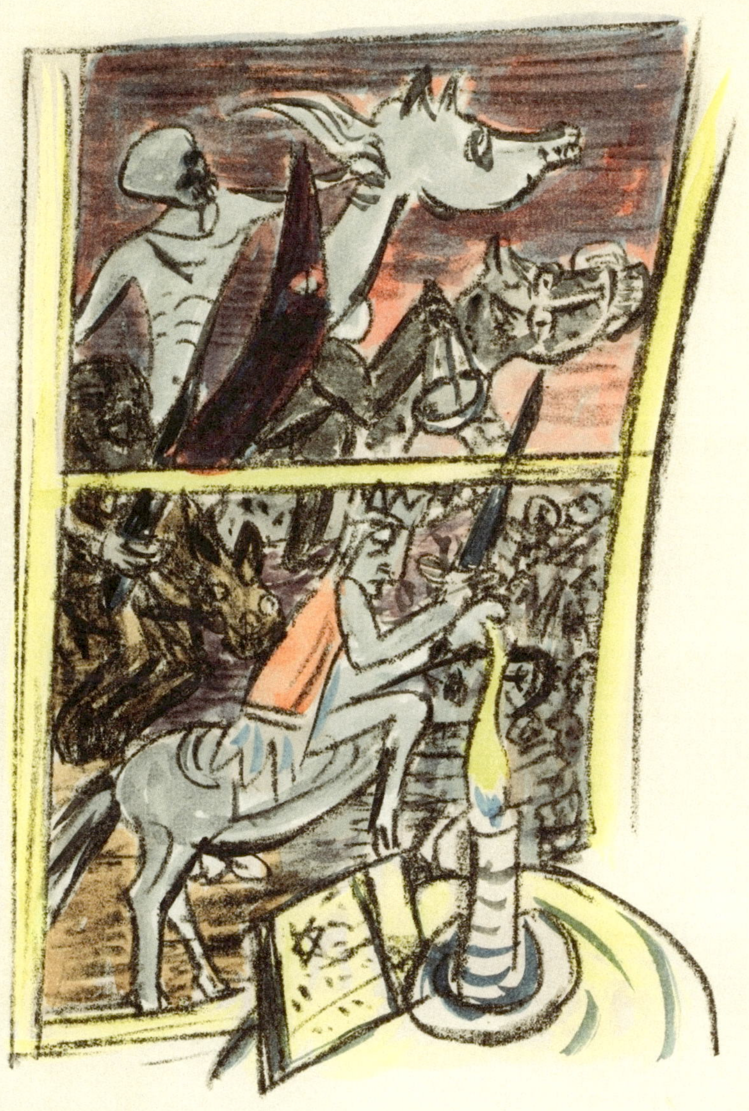

Und da es das vierte siegel auftat, hörte ich die stimme des vierten tieres sagen: Komm! Und ich sah, und siehe, ein fahl pferd; und der drauf saß, des name hieß tod, und die hölle folgete ihm nach. Und ihnen ward macht gegeben, zu töten das vierte teil auf der erde mit dem schwert und hunger und mit dem tod und durch die tiere auf erden.

Und da es das fünfte siegel auftat, sah ich unter dem altar die seelen derer, die erwürget waren um des worts Gottes willen und um des zeugnisses willen, das sie hatten. Und sie schrieen mit großer stimme und sprachen: Herr, du heiliger und wahrhaftiger, wie lange richtest du nicht und rächest unser blut an denen, die auf der erde wohnen? Und ihnen wurde gegeben einem jeglichen ein weiß kleid; und ward zu ihnen gesagt, daß sie ruheten noch eine kleine zeit, bis daß vollends dazu kämen ihre mitknechte und brüder, die auch sollten noch ertötet werden gleichwie sie.

Und ich sah, daß es das sechste siegel auftat; und siehe da ward ein großes erdbeben, und die sonne ward schwarz wie ein härener sack, und der mond ward wie blut; und die sterne des himmels fielen auf die erde, gleichwie ein feigenbaum seine feigen abwirft, wenn er von großem wind bewegt wird; und der himmel entwich wie ein zusammengerollt buch; und alle berge und inseln wurden bewegt aus ihren örtern; und die könige auf erden und die großen und die reichen und die hauptleute und die gewaltigen und alle knechte und alle freien verbargen sich in den klüften und felsen an den bergen, und sprachen zu den bergen und felsen: Fallet über uns und verberget uns vor dem angesichte des, der auf dem stuhl sitzt, und vor dem zorn des lammes. Denn es ist kommen der große tag seines zorns, und wer kann bestehen?

Und danach sah ich vier engel stehen auf den vier ecken der erde, die hielten die vier winde der erde, auf daß kein wind über die erde bliese, noch über das meer noch über irgend einen baum. Und ich sah einen andern engel aufsteigen von der sonne aufgang, der hatte das siegel des lebendigen Gottes, und schrie mit großer stimme zu den vier engeln, welchen gegeben war zu beschädigen die erde und das meer; und er sprach: Beschädiget die erde nicht, noch das meer, noch die bäume, bis daß wir versiegeln die knechte unsers Gottes an ihren stirnen. Und ich hörete die zahl derer, die versiegelt wurden,

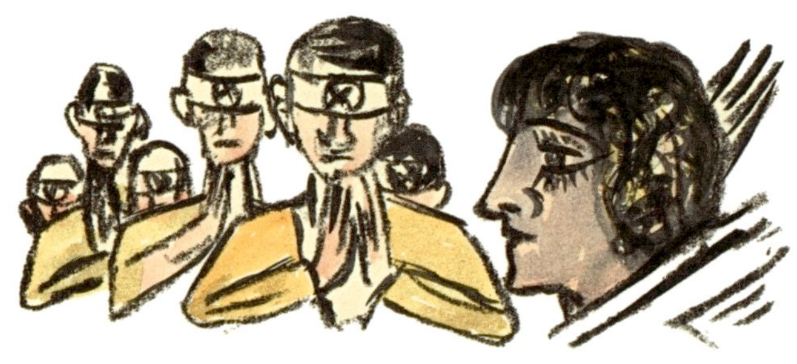

hundert vier und vierzig tausend, die versiegelt waren von allen geschlechtern der kinder israel: von dem geschlechte juda zwölf tausend versiegelt; von dem geschlechte ruben zwölf tausend versiegelt; von dem geschlechte gad zwölf tausend versiegelt; von dem geschlechte asser zwölf tausend versiegelt; von dem geschlechte naphthali zwölf tausend versiegelt; von dem geschlechte manasse zwölf tausend versiegelt; von dem geschlechte simeon zwölf tausend versiegelt; von dem geschlechte levi zwölf tausend versiegelt; von dem geschlechte isaschar zwölf tausend versiegelt; von dem geschlechte sebulon zwölf tausend versiegelt; von dem geschlechte joseph zwölf tausend versiegelt; von dem geschlechte benjamin zwölf tausend versiegelt.
Danach sah ich, und siehe, eine große schar, welche niemand zählen konnte, aus allen heiden und

völkern und sprachen, vor dem stuhl stehend und vor dem lamm, angetan mit weißen kleidern und palmen in ihren händen, schrieen mit großer stimme und sprachen: Heil sei dem, der auf dem stuhl sitzt, unserm Gott, und dem lamm! Und alle engel stunden um den stuhl und um die ältesten und um die vier tiere, und fielen vor dem stuhl auf ihr angesicht und beteten Gott an und sprachen: Amen, lob und ehre und weisheit und dank und preis und kraft und stärke sei unserm Gott von ewigkeit zu ewigkeit! Amen. Und es antwortete der ältesten einer und sprach zu mir: Wer sind diese, mit den weißen kleidern angetan, und woher sind sie kommen? Und ich sprach zu ihm: Herr, Du weißt es. Und er sprach zu mir: Diese sind's, die kommen sind aus großer trübsal, und haben ihre kleider gewaschen, und haben ihre kleider helle gemacht im blut des

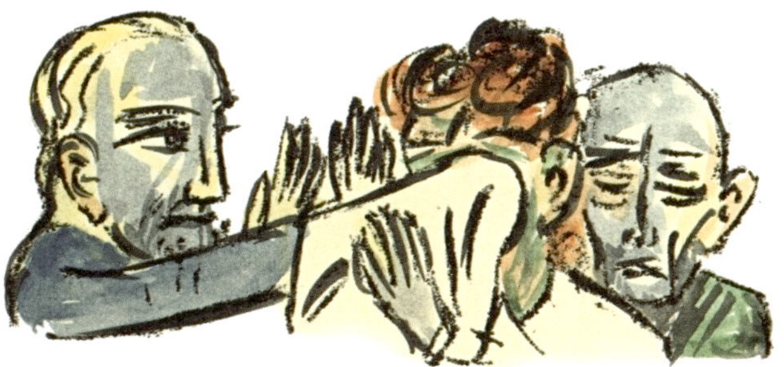

lammes. Darum sind sie vor dem stuhl Gottes, und dienen ihm tag und nacht in seinem tempel; und der auf dem stuhl sitzt, wird über ihnen wohnen. Sie wird nicht mehr hungern noch dürsten; es wird auch nicht auf sie fallen die sonne oder irgend eine hitze; denn das lamm mitten im stuhl wird sie weiden und leiten zu den lebendigen wasserbrunnen, und Gott wird abwischen alle tränen von ihren augen. Und da es das siebente siegel auftat, ward eine stille in dem himmel bei einer halben stunde. Und ich sah die sieben engel, die da stehen vor Gott, und ihnen wurden sieben posaunen gegeben. Und ein anderer engel kam und trat an den altar, und hatte ein gülden räuchfaß; und ihm ward viel räuchwerks gegeben, daß er es gäbe zum gebet aller heiligen auf den güldenen altar vor dem stuhl. Und der rauch des räuchwerks vom gebet der heiligen ging auf von der hand des engels vor Gott. Und der engel nahm das räuchfaß, und füllte es mit feuer vom altar, und schüttete es auf die erde. Und da geschahen stimmen und donner und blitze und erdbeben.
Und die sieben engel mit den sieben posaunen hatten sich gerüstet zu posaunen. Und der erste engel posaunete; und es ward ein hagel und feuer, mit

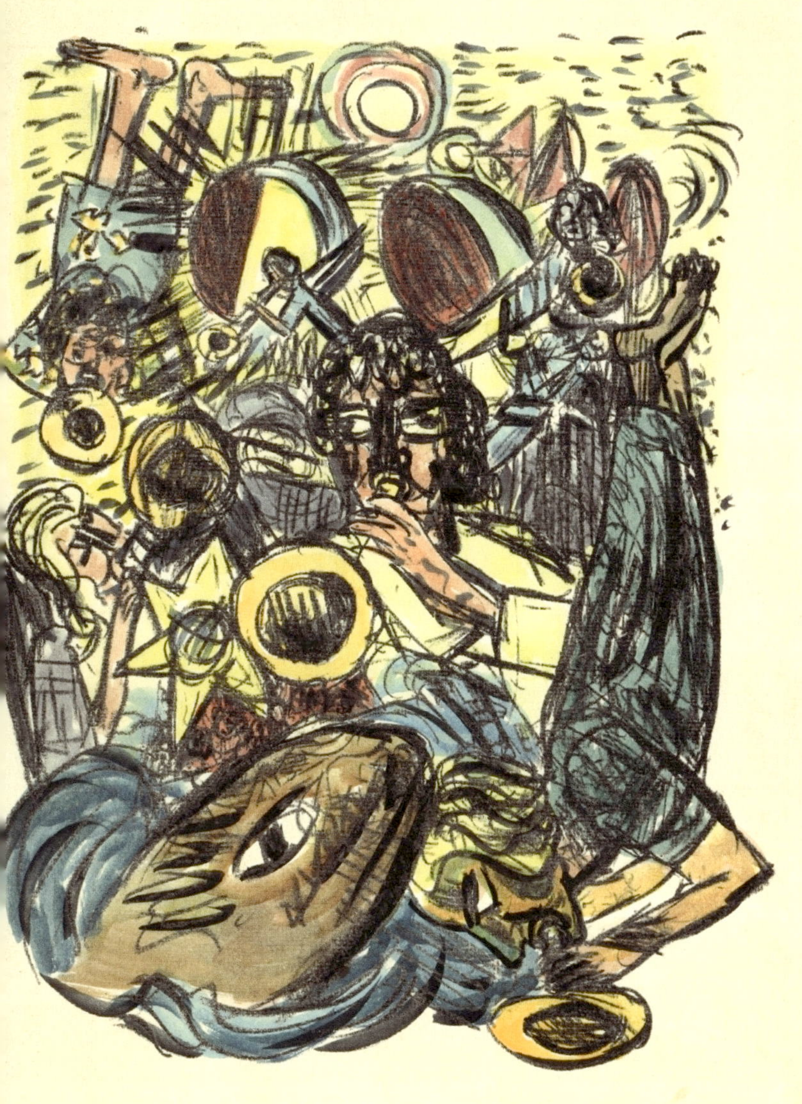

blut gemenget, und fiel auf die erde; und das dritte teil der bäume verbrannte, und alles grüne gras verbrannte.

Und der andere engel posaunete; und es fuhr wie ein großer berg mit feuer brennend ins meer; und das dritte teil des meeres ward blut, und das dritte teil der lebendigen kreaturen im meer starben, und das dritte teil der schiffe wurde verderbet.

Und der dritte engel posaunete; und es fiel ein großer stern vom himmel; der brannte wie eine fackel und fiel auf das dritte teil der wasserströme und über die wasserbrunnen. Und der name des sterns heißt wermut; und das dritte teil der wasser ward wermut. Und viel menschen starben von den wassern, daß sie waren so bitter worden.

Und der vierte engel posaunete; und es ward geschlagen das dritte teil der sonne und das dritte teil des mondes und das dritte teil der sterne, daß ihr drittes teil verfinstert ward, und der tag das dritte teil nicht schien, und die nacht desselbigen gleichen.

Und ich sah, und hörte einen engel fliegen mitten durch den himmel und sagen mit großer stimme: Weh, weh, weh denen, die auf erden wohnen, vor

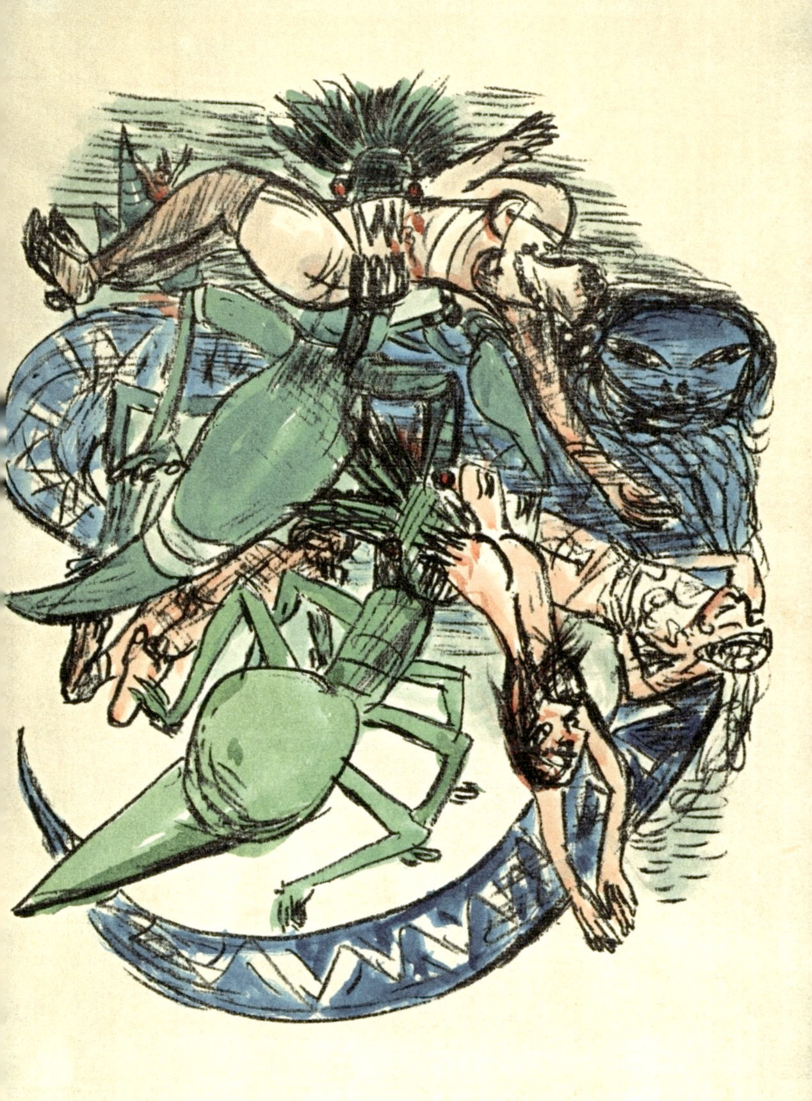

den andern stimmen der posaune der drei engel, die noch posaunen sollen!

Und der fünfte engel posaunete; und ich sah einen stern, gefallen vom himmel auf die erde, und ihm ward der schlüssel zum brunnen des abgrunds gegeben. Und er tat den brunnen des abgrunds auf; und es ging auf ein rauch aus dem brunnen wie ein rauch eines großen ofens; und es ward verfinstert die sonne und die luft von dem rauch des brunnens. Und aus dem rauch kamen heuschrecken auf die erde; und ihnen ward macht gegeben, wie die skorpione auf erden macht haben. Und es ward ihnen gesagt, daß sie nicht beschädigten das gras auf erden noch kein grünes noch keinen baum, sondern allein die menschen, die nicht haben das siegel Gottes an ihren stirnen. Und es ward ihnen gegeben, daß sie nicht töteten, sondern sie quäleten fünf monden lang; und ihre qual war wie eine qual vom skorpion, wenn er einen menschen hauet. Und in denselbigen tagen werden die menschen den tod suchen und nicht finden; werden begehren zu sterben, und der tod wird von ihnen fliehen. Und die heuschrecken sind gleich den rossen, die zum kriege bereitet sind; und auf ihrem haupt wie kronen

dem golde gleich, und ihr antlitz gleich der menschen antlitz; und hatten haar wie weiberhaar, und ihre zähne waren wie der löwen; und hatten panzer wie eiserne panzer; und das rasseln ihrer flügel wie das rasseln an den wagen vieler rosse, die in den krieg laufen; und hatten schwänze gleich den skorpionen, und es waren stacheln an ihren schwänzen; und ihre macht war, zu beschädigen die menschen fünf monden lang; und hatten über sich einen könig, den engel des abgrunds, des name heißt auf ebräisch abaddon, und auf griechisch hat er den namen apollyon. Ein weh ist dahin; siehe, es kommen noch zwei wehe nach dem.
Und der sechste engel posaunete; und ich hörte eine stimme aus den vier ecken des güldenen altars vor Gott, die sprach zu dem sechsten engel, der die posaune hatte: Löse die vier engel, die gebunden sind an dem großen wasserstrom euphrat. Und es wurden die vier engel los, die bereit waren auf die stunde und auf den tag und auf den monden und auf das jahr, daß sie töteten das dritte teil der menschen. Und die zahl des reisigen volkers war viel tausendmal tausend; und ich hörte ihre zahl. Und also sah ich die rosse im gesichte, und die drauf saßen, daß

sie hatten feurige und bläuliche und schwefelichte panzer; und die häupter der rosse waren wie die häupter der löwen; und aus ihrem munde ging feuer und rauch und schwefel. Von diesen dreien ward ertötet das dritte teil der menschen von dem feuer und rauch und schwefel, der aus ihrem munde ging. Denn ihre macht war in ihrem munde; und ihre schwänze waren den schlangen gleich, und hatten häupter, und mit denselbigen taten sie schaden. Und die übrigen leute, die nicht getötet wurden von diesen plagen, taten nicht buße für die werke ihrer hände, daß sie nicht anbeteten die teufel und güldenen, silbernen, ehernen, steinernen und hölzernen götzen, welche weder sehen noch hören noch wandeln können; und taten auch nicht buße für ihre morde, zauberei, hurerei und dieberei.
Und ich sah einen andern starken engel vom himmel herabkommen; der war mit einer wolke bekleidet, und ein regenbogen auf seinem haupt, und sein antlitz wie die sonne, und seine füße wie feuerpfeiler; und er hatte in seiner hand ein büchlein aufgetan, und er setzte seinen rechten fuß auf das meer und den linken auf die erde, und er schrie mit großer stimme, wie ein löwe brüllet; und da er

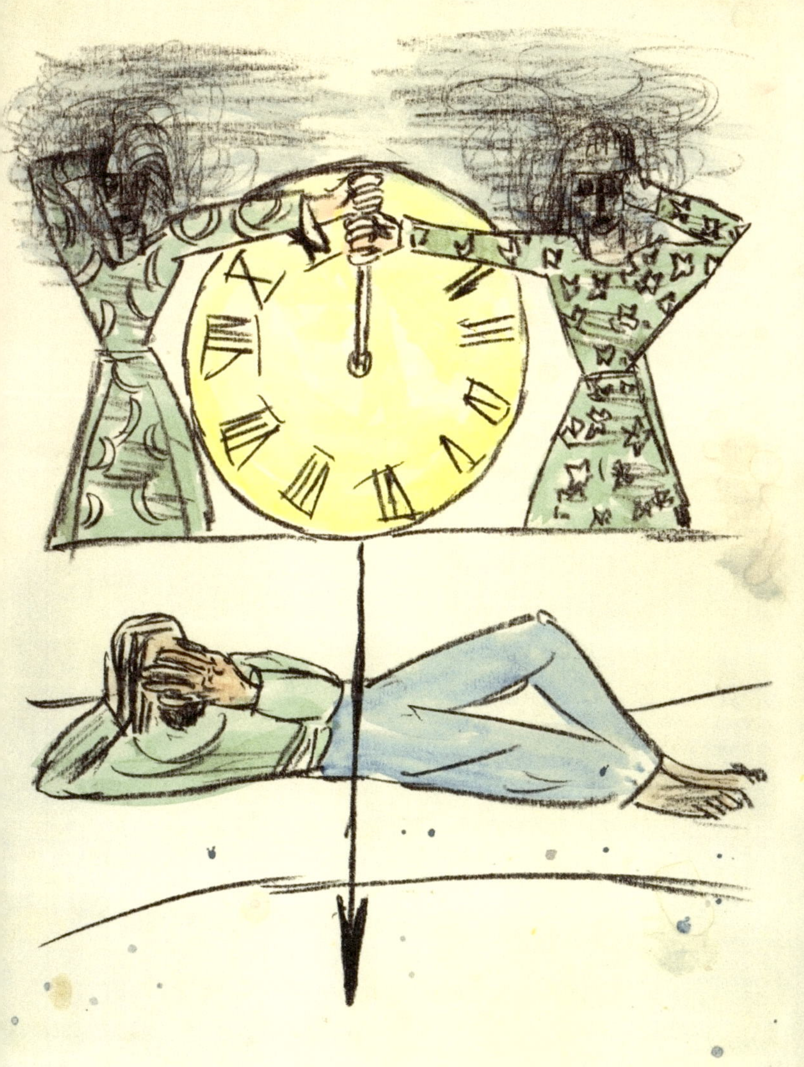

schrie, redeten sieben donner ihre stimmen. Und da die sieben donner ihre stimmen geredet hatten, wollte ich sie schreiben. Da hörte ich eine stimme vom himmel sagen zu mir: Versiegle, was die sieben donner geredet haben; dasselbige schreibe nicht. Und der engel, den ich sah stehen auf dem meer und auf der erde, hub seine hand auf gen himmel, und schwur bei dem lebendigen von ewigkeit zu ewigkeit, der den himmel geschaffen hat und was darinnen ist, und die erde und was darinnen ist, und das meer und was darinnen ist, daß hinfort keine zeit mehr sein soll; sondern in den tagen der stimme des siebenten engels, wenn er posaunen wird, so soll vollendet werden das geheimnis Gottes, wie er hat verkündiget seinen knechten, den propheten. Und ich hörte eine stimme vom himmel abermal mit mir reden und sagen: Gehe hin, nimm das offne büchlein von der hand des engels, der auf dem meer und auf der erde stehet. Und ich ging hin zum engel und sprach zu ihm: Gib mir das büchlein. Und er sprach zu mir: Nimm hin und verschling's, und es wird dich im bauch grimmen; aber in deinem munde wird's süß sein wie honig. Und ich nahm das büchlein von der hand des engels und verschlang's; und

es war süß in meinem munde wie honig, und da ich's gegessen hatte, grimmte mich's im bauch. Und er sprach zu mir: Du mußt abermal weissagen von völkern und heiden und sprachen und vielen königen.
Und es ward mir ein rohr gegeben einem stecken gleich, und sprach: Stehe auf und miß den tempel Gottes und den altar und die darinnen anbeten. Aber den vorhof außerhalb des tempels wirf hinaus und miß ihn nicht, denn er ist den heiden gegeben; und die heilige stadt werden sie zertreten zwei und vierzig Monate. Und ich will meine zween zeugen geben, daß sie sollen weissagen tausend zweihundert und sechzig tage angetan mit säcken. Diese sind die zween ölbäume und zwo fackeln, stehend vor dem herrn der erde. Und so jemand sie will beleidigen, so gehet feuer aus ihrem munde und verzehret ihre feinde; und so jemand sie will beleidigen, der muß also getötet werden. Diese haben macht, den himmel zu verschließen, daß es nicht regne in den tagen ihrer weissagung; und haben macht über das wasser, es zu wandeln in blut, und zu schlagen die erde mit allerlei plage, so oft sie wollen. Und wenn sie ihr zeugnis geendet haben,

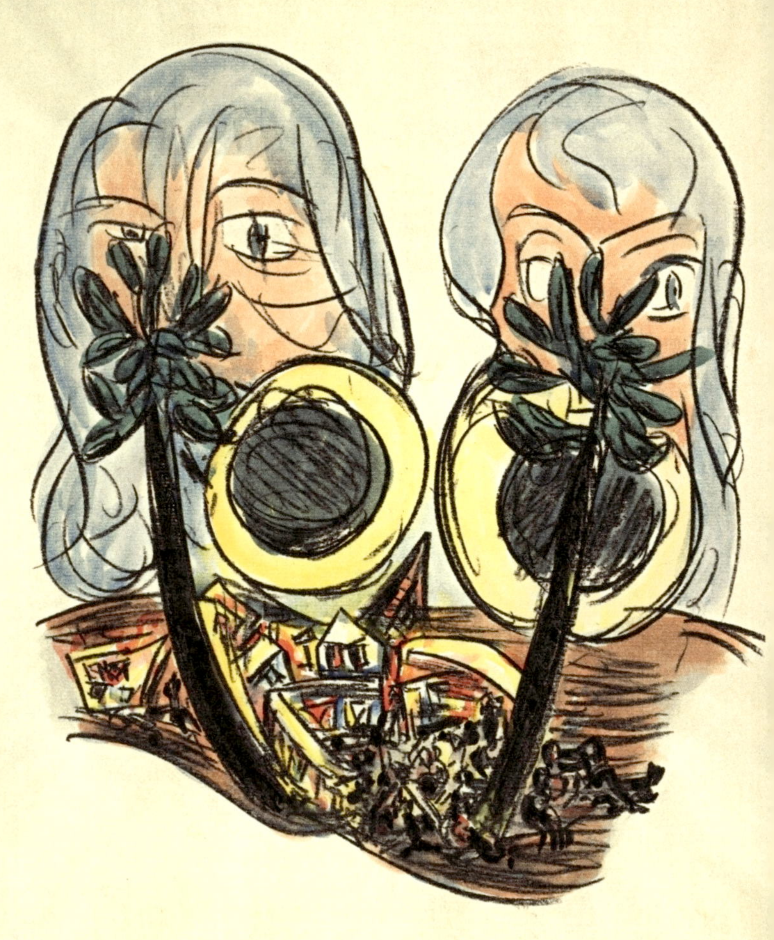

so wird das tier, das aus dem abgrund aufsteiget, mit ihnen einen streit halten und wird sie überwinden und wird sie töten. Und ihre leichname werden liegen auf der gasse der großen stadt, die da heißt geistlich sodom und ägypten, da auch ihr herr gekreuziget ist. Und es werden etliche von den völkern und geschlechtern und sprachen ihre leichname sehen drei tage und einen halben; und werden ihre leichname nicht lassen in gräber legen. Und die auf erden wohnen, werden sich freuen über ihnen und wohlleben und Geschenke unter einander senden; denn diese zween propheten quäleten, die auf erden wohneten. Und nach dreien tagen und einem halben fuhr in sie der geist des lebens von Gott, und sie traten auf ihre füße, und eine große Furcht fiel über die, so sie sahen; und sie höreten eine große stimme vom himmel zu ihnen sagen: Steiget herauf!

Und sie stiegen auf in den himmel in einer wolke, und es sahen sie ihre feinde. Und zu derselben stunde ward ein groß erdbeben, und das zehnte teil der stadt fiel, und wurden ertötet in dem erdbeben sieben tausend namen der menschen; und die andern erschraken und gaben ehre dem Gott des himmels. Das andere weh ist dahin; siehe, das dritte wehe kommt schnell.

Und der siebente engel posaunte. Und es wurden große stimmen im himmel, die sprachen: Es sind die reiche der welt unsers herrn und seines Christus worden, und er wird regieren von ewigkeit zu ewigkeit. Und die vier und zwanzig ältesten, die vor Gott auf ihren stühlen saßen, fielen auf ihr angesicht und beteten Gott an und sprachen: Wir danken dir, herr, allmächtiger Gott, der du bist und warest, daß du hast angenommen deine große kraft und herrschest; und die heiden sind zornig worden, und es ist kommen dein zorn und die zeit der toten, zu richten und zu geben den lohn deinen knechten, den propheten, und den heiligen und denen, die deinen namen fürchten, den kleinen und großen, und zu verderben, die die erde verderbet haben. Und der tempel Gottes ward aufgetan im himmel, und die arche seines testaments ward in seinem tempel gesehen; und es geschahen blitze und stimmen und donner und erdbeben und ein großer hagel.

Und es erschien ein groß zeichen im himmel: ein weib, mit der sonne bekleidet, und der mond unter ihren füßen und auf ihrem haupt eine krone von

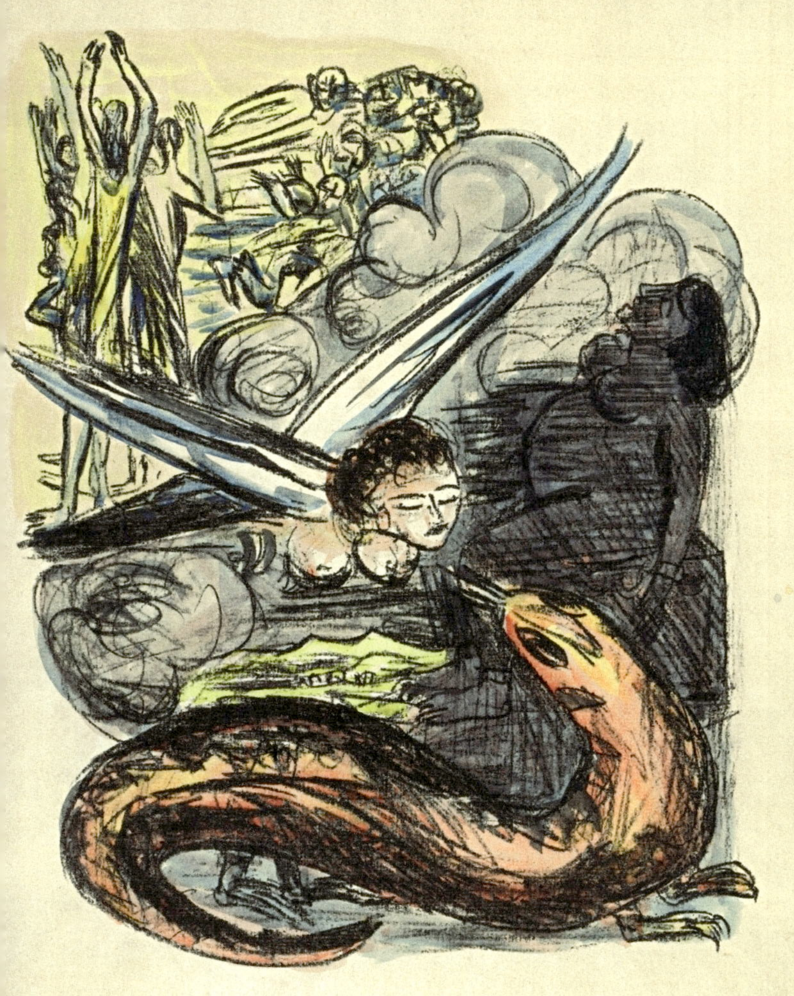

zwölf sternen. Und sie war schwanger, und schrie in kindesnöten, und hatte große qual zur geburt. Und es erschien ein ander zeichen im himmel, und siehe, ein großer, roter drache, der hatte sieben häupter und zehn hörner und auf seinen häuptern sieben kronen; und sein schwanz zog den dritten teil der sterne des himmels und warf sie auf die erde. Und der drache trat vor das weib, die gebären sollte, auf daß, wenn sie geboren hätte, er ihr kind fräße. Und sie gebar einen sohn, ein knäblein, der alle heiden sollte weiden mit eisernem stabe. Und ihr kind ward entrückt zu Gott und seinem stuhl. Und das weib entfloh in die wüste, da sie hat einen ort, bereitet von Gott, daß sie daselbst ernähret würde tausend zwei hundert und sechzig tage.
Und es erhub sich ein streit im himmel: Michael und seine engel stritten mit dem drachen; und der drache stritt und seine engel, und siegeten nicht, auch ward ihre stätte nicht mehr gefunden im himmel. Und es ward ausgeworfen der große drache, die alte schlange, die da heißt der teufel und satanas, der die ganze welt verführet, und ward geworfen auf die erde, und seine engel wurden auch dahin geworfen. Und ich hörte eine große stimme, die

sprach im himmel: Nun ist das heil und die kraft und das reich unsers Gottes worden, und die macht seines Christus, weil der verkläger unserer brüder verworfen ist, der sie verklagte tag und nacht vor Gott. Und sie haben ihn überwunden durch des lammes blut und durch das wort ihres zeugnisses, und haben ihr leben nicht geliebet bis an den tod. Darum freuet euch, ihr himmel, und die darinnen wohnen! weh denen, die auf erden wohnen und auf dem meer! denn der teufel kommt zu euch hinab, und hat einen großen zorn, und weiß, daß er wenig zeit hat.
Und da der drache sah, daß er verworfen war auf die erde, verfolgte er das weib, die das knäblein geboren hatte. Und es wurden dem weibe zween flügel gegeben wie eines großen adlers, daß sie in die wüste flöge an ihren ort, da sie ernähret würde eine zeit und zwo zeiten und eine halbe zeit vor dem angesichte der schlange. Und die schlange schoß nach dem weibe aus ihrem munde ein wasser wie einen strom, daß er sie ersäufte. Aber die erde half dem weibe, und tat ihren mund auf, und verschlang den strom, den der drache aus seinem munde schoß. Und der drache ward zornig über das weib,

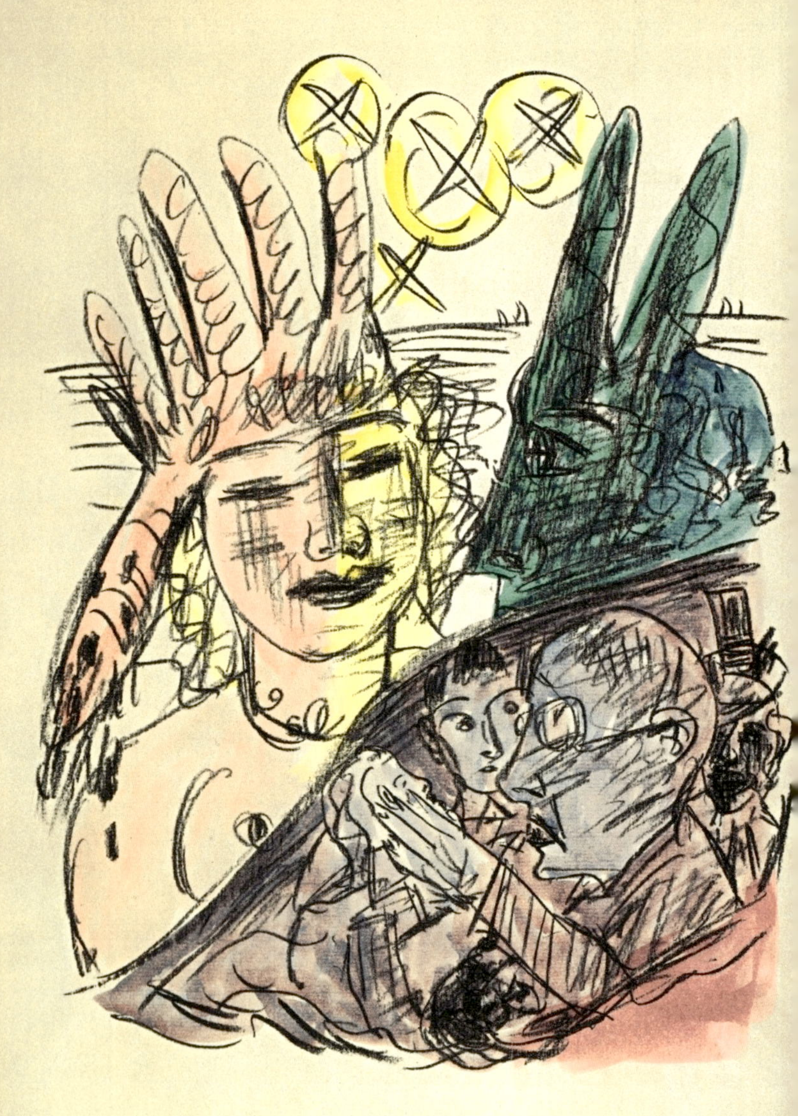

und ging hin zu streiten mit den übrigen von ihrem Samen, die da Gottes Gebote halten und haben das zeugnis Jesu Christi.

Und ich trat an den sand des meers, und sah ein tier aus dem meer steigen, das hatte sieben häupter und zehn hörner und auf seinen hörnern zehn kronen und auf seinen häuptern namen der lästerung. Und das tier, das ich sah, war gleich einem pardel und seine füße als bärenfüße, und sein mund wie eines löwen mund. Und der drache gab ihm seine kraft und seinen stuhl und große macht. Und ich sah seiner häupter eines, als wäre es tödlich wund; und seine tödliche wunde ward heil. Und der ganze erdboden verwunderte sich des tieres, und beteten den drachen an, der dem tier die macht gab, und beteten das tier an und sprachen: Wer ist dem tier gleich? und wer kann mit ihm kriegen? Und es ward ihm gegeben ein mund zu reden große dinge und lästerung, und ward ihm gegeben, daß es mit ihm währte zwei und vierzig monden lang. Und es tat seinen mund auf zur lästerung gegen Gott, zu lästern seinen namen und seine hütte und die im himmel wohnen. Und ihm ward gegeben zu streiten mit den heiligen und sie zu überwinden; und ihm ward gegeben macht über alle geschlechter und sprachen und heiden. Und alle, die auf erden wohnen, beten es an, deren namen nicht geschrieben sind in dem lebensbuch des lammes, das erwürget ist, von anfang der welt. Hat jemand ohren, der höre! So jemand in das gefängnis führet, der wird in das gefängnis gehen; so jemand mit dem schwert tötet, der muß mit dem schwert getötet werden. Hie ist geduld und glaube der heiligen. Und ich sah ein ander tier aufsteigen aus der erde; und hatte zwei hörner gleichwie ein lamm und redete wie ein drache.

Und es übt alle macht des ersten tiers vor ihm; und es machet, daß die erde und die darauf wohnen anbeten das erste tier, welches tödliche wunde heil worden war; und tut große zeichen, daß es auch machet feuer vom himmel fallen vor den menschen; und verführet, die auf erden wohnen, um der zeichen willen, die ihm gegeben sind zu tun vor dem tier; und saget denen, die auf erden wohnen, daß sie dem tier ein bild machen sollen, das die wunde vom schwert hatte und lebendig worden war. Und es ward ihm gegeben, daß es dem bilde des tiers den geist gab, daß des tiers bild redete und machte, daß, welche nicht des tiers bild anbeteten, ertötet würden. Und es macht, daß die kleinen und großen, die reichen und armen, die freien und knechte, allesamt sich ein malzeichen geben an ihre rechte hand oder an ihre stirn, daß niemand kaufen oder verkaufen kann, er habe denn das malzeichen, nämlich den namen des tieres oder die zahl seines namens. Hie ist weisheit. Wer verstand hat, der überlege die zahl des tiers; denn es ist eines menschen zahl, und seine zahl ist sechs hundert und sechs und sechzig.

Und ich sah das lamm stehen auf dem berge zion und mit ihm hundert und vier und vierzig tausend, die hatten seinen namen und den namen seines vaters geschrieben an ihrer stirn; und hörte eine stimme vom himmel als eines großen wassers und wie eine stimme eines großen donners; und die stimme, die ich hörte, war als der harfenspieler, die auf ihren harfen spielen, und sangen wie ein neu lied vor dem stuhl und vor den vier tieren und den ältesten; und niemand konnte das lied lernen, denn die hundert vier und vierzig tausend, die erkauft sind von der erde. Diese sind's, die mit weibern nicht befleckt sind; denn sie sind jungfrauen und folgen dem lamm

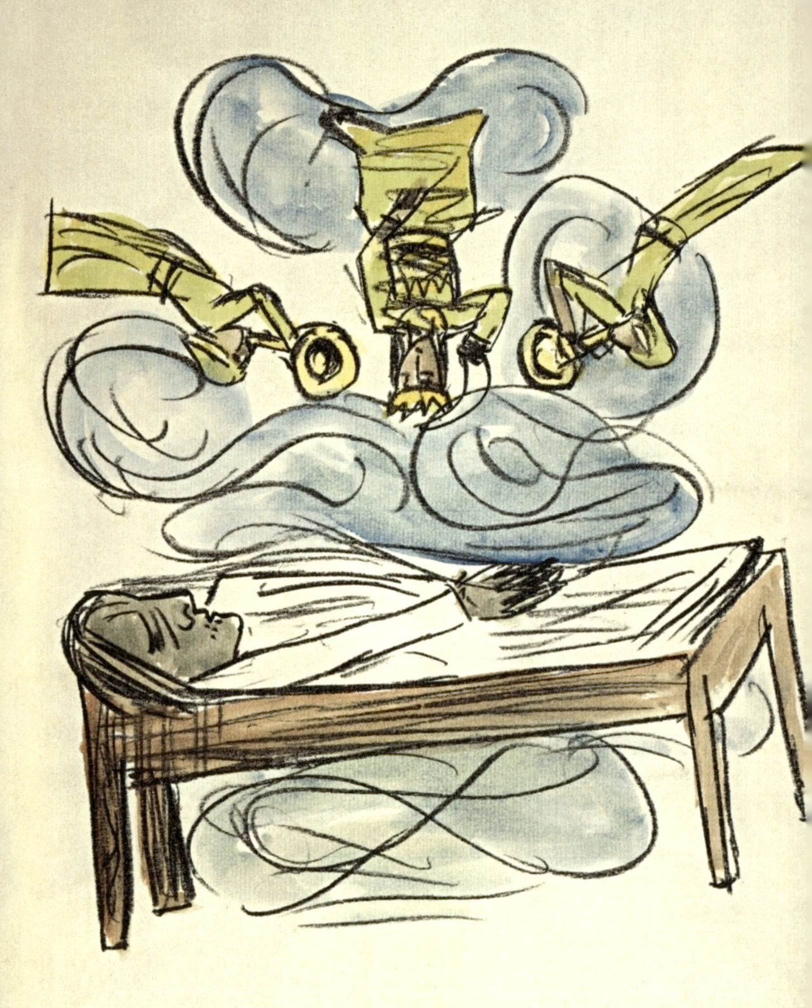

nach, wo es hingehet. Diese sind erkauft aus den menschen zu erstlingen Gott und dem lamm, und in ihrem munde ist kein falsch gefunden; denn sie sind unsträflich vor dem stuhl Gottes.
Und ich sah einen engel fliegen mitten durch den himmel, der hatte ein ewig evangelium zu verkündigen denen, die auf erden wohnen, und allen heiden und geschlechtern und sprachen und völkern, und sprach mit großer stimme: Fürchtet Gott und gebet ihm die ehre; denn die zeit seines gerichts ist kommen; und betet an den, der gemacht hat himmel und erde und meer und die wasserbrunnen. Und ein anderer engel folgt nach, der sprach: Sie ist gefallen, sie ist gefallen, babylon, die große stadt; denn sie hat mit dem wein ihrer hurerei getränket alle heiden.
Und der dritte engel folgte diesem nach und sprach mit großer stimme: So jemand das tier anbetet und sein bild, und nimmt das malzeichen an seine stirn oder an seine hand, der wird von dem wein des zorns Gottes trinken, der lauter eingeschenket ist in seines zornes kelch; und wird gequälet werden mit feuer und schwefel vor den heiligen engeln und vor dem lamm; und der rauch ihrer qual wird aufsteigen von ewigkeit zu ewigkeit; und sie haben kei-

ne ruhe tag und nacht, die das tier haben angebetet und sein bild, und so jemand hat das malzeichen seines namens angenommen. Hie ist geduld der heiligen; hie sind, die da halten die Gebote Gottes und den glauben an Jesum. Und ich hörte eine stimme vom himmel zu mir sagen: Schreibe: Selig sind die toten, die in dem herrn sterben, von nun an. Ja, der geist spricht, daß sie ruhen von ihrer arbeit; denn ihre werke folgen ihnen nach.

Und ich sah, und siehe, eine weiße wolke, und auf der wolke saß einer, der gleich war eines menschen sohn; der hatte eine güldene krone auf seinem haupt und in seiner hand eine scharfe sichel. Und ein anderer engel ging aus dem tempel, und schrie mit großer stimme zu dem, der auf der wolke saß: Schlag an mit deiner sichel und ernte; denn die zeit zu ernten ist kommen, denn die ernte der erde ist dürre worden. Und der auf der wolke saß, schlug an mit seiner sichel an die erde, und die erde ward geerntet. Und ein andrer engel ging aus dem tempel im himmel, der hatte eine scharfe hippe. Und ein andrer engel ging aus vom altar, der hatte macht über das feuer, und rief mit großem geschrei zu dem, der die scharfe hippe hatte, und sprach: Schlag

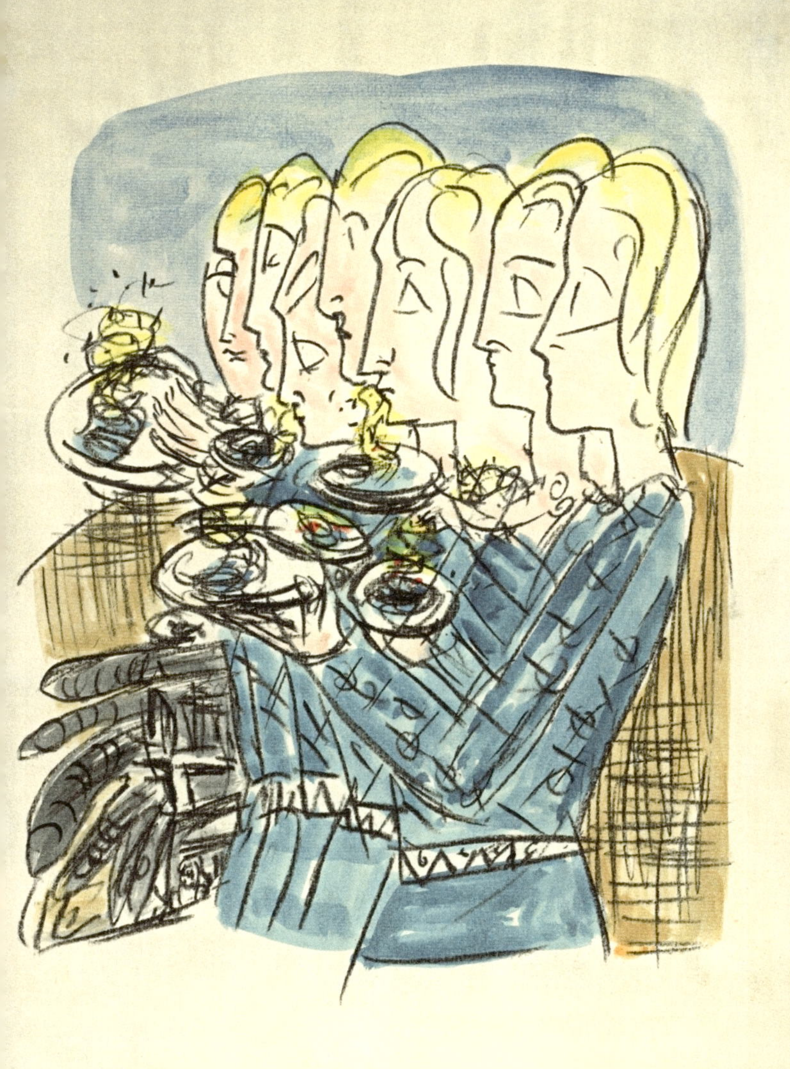

an mit deiner scharfen hippe und schneide die trauben am weinstock der erde; denn seine beeren sind reif. Und der engel schlug an mit seiner hippe an die erde, und schnitt die trauben der erde, und warf sie in die große kelter des zorns Gottes. Und die kelter ward außer der stadt gekeltert; und das blut ging von der kelter bis an die zäume der pferde durch tausend sechs hundert feld wegs.

Und ich sah ein ander zeichen im himmel, das war groß und wundersam: sieben engel, die hatten die letzten sieben plagen; denn mit denselbigen ist vollendet der zorn Gottes. Und sah als ein gläsern meer, mit feuer gemenget; und die den sieg behalten hatten an dem tier und seinem bilde und seinem malzeichen und seines namens zahl, stunden an dem gläsernen meer, und hatten harfen Gottes; und sangen das lied moses, des knechts Gottes, und das lied des lammes und sprachen: Groß und wundersam sind deine werke, herr, allmächtiger Gott; gerecht und wahrhaftig sind deine wege, du könig der heiden. Wer sollte dich nicht fürchten, herr, und deinen namen preisen? Denn du bist allein heilig; denn alle heiden werden kommen und anbeten vor dir; denn deine urteile sind offenbar worden.

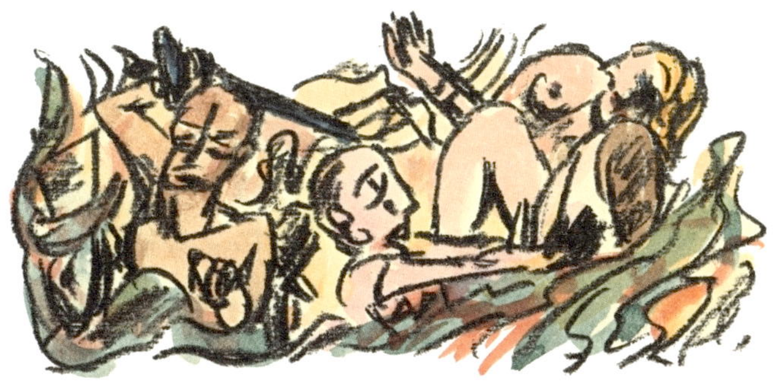

Darnach sah ich, und siehe, da ward aufgetan der tempel der hütte des zeugnisses im himmel; und gingen aus dem tempel die sieben engel, die die sieben plagen hatten, angetan mit reiner, heller leinwand, und umgürtet ihre brüste mit güldenen gürteln. Und eines der vier tiere gab den sieben engeln sieben güldene schalen voll zorns Gottes, der da lebet von ewigkeit zu ewigkeit. Und der tempel ward voll rauchs von der herrlichkeit Gottes und von seiner kraft; und niemand konnte in den tempel gehen, bis daß die sieben plagen der sieben engel vollendet wurden.

Und ich hörete eine große stimme aus dem tempel, die sprach zu den sieben engeln: Gehet hin und gießet aus die schalen des zorns Gottes auf die erde! Und der erste ging hin und goß seine schale aus auf die erde; und es ward eine böse und arge drüse an den menschen, die das malzeichen des tieres hatten, und die sein bild anbeteten.

Und der andere engel goß aus seine schale ins meer; und es ward blut als eines toten, und alle lebendigen seele starb in dem meer. Und der dritte engel goß aus seine schale in die wasserströme und in die wasserbrunnen; und es ward blut. Und ich hörte den engel der wasser sagen: Herr, du bist gerecht, der da ist und der da war, und heilig, daß du solches geurteilet hast; denn sie haben das blut der heiligen und der propheten vergossen, und blut hast du ihnen zu trinken gegeben; denn sie sind's wert. Und ich hörte einen andern engel aus dem altar sagen: Ja, herr, allmächtiger Gott, deine gerichte sind wahrhaftig und gerecht.

Und der vierte engel goß aus seine schale in die sonne, und ward ihm gegeben, den menschen heiß zu machen mit feuer. Und den menschen ward heiß vor großer hitze, und lästerten den namen Gottes, der macht hat über diese plagen, und taten nicht buße, ihm die ehre zu geben.

Und der fünfte engel goß aus seine schale auf den stuhl des tiers; und sein reich ward verfinstert; und

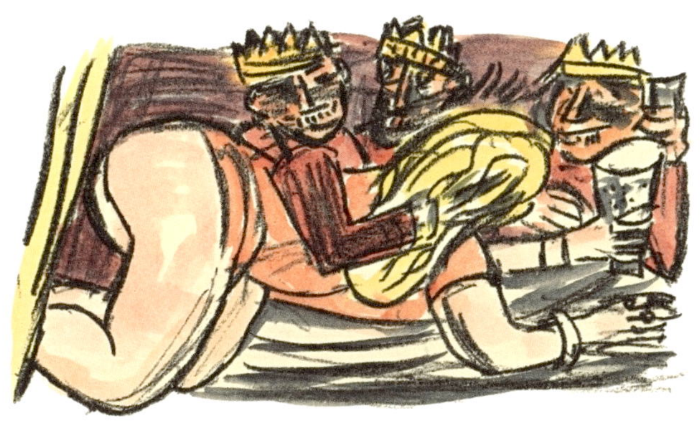

sie zerbissen ihre zungen vor schmerzen, und lästerten Gott im himmel vor ihren schmerzen und vor ihren drüsen, und taten nicht buße für ihre werke.
Und der sechste engel goß aus seine schale auf den großen wasserstrom euphrat; und das wasser vertrocknete, auf daß bereitet würde der weg den königen von aufgang der sonne.
Und ich sah aus dem munde des drachen und aus dem munde des tiers und aus dem munde des falschen propheten drei unreine geister gehen, gleich den fröschen; denn es sind geister der teufel, die tun zeichen, und gehen aus zu den königen auf dem ganzen kreis der welt, sie zu versammeln in den streit auf jenen großen tag Gottes, des allmächtigen. Siehe, ich komme als ein dieb.

Selig ist, der da wachet und hält seine kleider, daß er nicht bloß wandle, und man nicht seine schande sehe. Und er hat sie versammelt an einen ort, der da heißt auf ebräisch harmagedon. Und der siebente engel goß aus seine schale in die luft; und es ging aus eine stimme vom himmel aus dem stuhl, die sprach: Es ist geschehen. Und es wurden stimmen und donner und blitze; und ward ein groß erdbeben, daß solches nicht gewesen ist, seit der zeit menschen auf erden gewesen sind, solch erdbeben also groß. Und aus der großen stadt wurden drei teile, und die städte der heiden fielen. Und babylon, der großen, ward gedacht vor Gott, ihr zu geben den kelch des weins von seinem grimmigen zorn. Und alle inseln entflohen, und keine berge wurden gefunden.
Und ein großer hagel, als ein zentner, fiel vom himmel auf die menschen; und die menschen lästerten Gott über der plage des hagels; denn seine plage ist sehr groß.
Und es kam einer von den sieben engeln, die die sieben schalen hatten, redete mit mir und sprach zu mir: Komm, ich will dir zeigen das urteil der großen hure, die da an vielen wassern sitzt; mit wel-

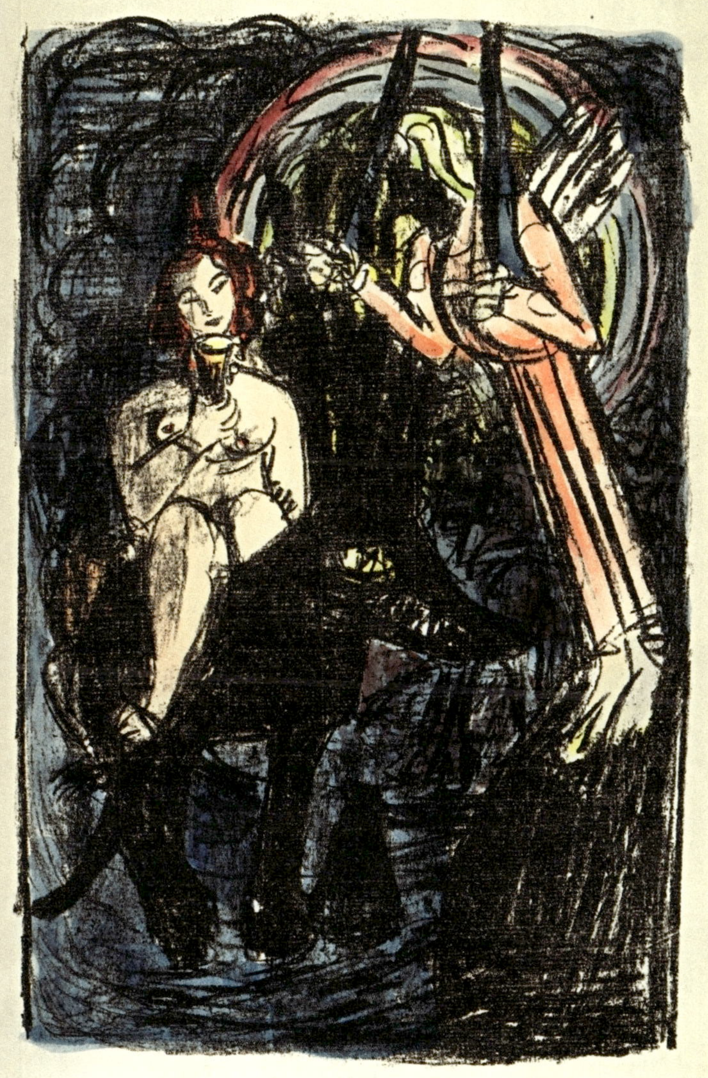

cher gehuret haben die könige auf erden, und die da wohnen auf erden, trunken worden sind von dem wein ihrer hurerei. Und er brachte mich im geist in die wüste. Und ich sah ein weib sitzen auf einem scharlachfarben tier; das war voll namen der lästerung, und hatte sieben häupter und zehn hörner. Und das weib war bekleidet mit purpur und scharlach, und übergüldet mit golde und edlen steinen und perlen, und hatte einen güldnen becher in der hand, voll greuels und unsauberkeit ihrer hurerei, und an ihrer stirn geschrieben einen namen, ein geheimnis: Die große babylon, die mutter der hurerei und aller greuel auf erden.

Und ich sah das weib trunken von dem blut der heiligen und von dem blut der zeugen Jesu. Und ich verwunderte mich sehr, da ich sie sah. Und der engel sprach zu mir: Warum verwunderst du dich? Ich will dir sagen das geheimnis von dem weibe und von dem tier, das sie trägt, und hat sieben häupter und zehn hörner. Das tier, das du gesehen hast, ist gewesen und ist nicht, und wird wiederkommen aus dem abgrund und wird fahren in die verdammnis, und werden sich verwundern, die auf erden wohnen, deren namen nicht geschrieben stehen in dem buch des lebens von anfang der welt, wenn sie sehen das tier, daß es gewesen ist und nicht ist, und da sein wird. Hie ist der sinn, da weisheit zu gehöret. Die sieben häupter sind sieben berge, auf welchen das weib sitzet, und sind sieben könige. Fünf sind gefallen, und einer ist, und der andere ist noch nicht kommen; und wenn er kommt, muß er eine kleine zeit bleiben. Und das tier, das gewesen ist und nicht ist, das ist der achte, und ist von den sieben, und fährt in die verdammnis. Und die zehn hörner, die du gesehen hast, das sind zehn könige, die das reich noch nicht empfangen haben; aber wie könige werden sie eine zeit macht empfangen mit dem tier. Die haben eine meinung, und werden ihre kraft und macht geben dem tier. Diese werden streiten mit dem lamm, und das lamm wird sie überwinden, denn es ist der herr aller herrn und der könig aller könige, und mit ihm die berufenen und auserwähleten und gläubigen. Und er sprach zu mir: Die wasser, die du gesehen hast, da die hure sitzt, sind völker und scharen und heiden und sprachen. Und die zehn hörner, die du gesehen hast, und das tier, die werden die hure hassen, und werden sie wüst machen und bloß, und werden ihr fleisch essen, und werden sie mit feuer verbrennen. Denn Gott hat's ihnen gegeben in ihr herz, zu tun seine meinung, und zu tun einerlei meinung, und zu geben ihr reich dem tier, bis daß vollendet werden die worte Gottes. Und das weib, das du gesehen hast, ist die große stadt, die das reich hat über die könige auf erden.

Und danach sah ich einen andern engel niederfahren vom himmel, der hatte eine große macht, und die erde ward erleuchtet von seiner klarheit, und schrie aus macht mit großer stimme und sprach: Sie ist gefallen, sie ist gefallen, babylon, die große, und eine behausung der teufel worden und ein behältnis aller unreinen geister und ein behältnis aller unreine und verhaßter vögel. Denn von dem wein des zorns ihrer hurerei haben alle heiden getrunken, und die könige auf erden haben mit ihr hurerei getrieben, und die kaufleute auf erden sind reich worden von ihrer großen wollust. Und ich hörte eine andere stimme vom himmel, die sprach: Gehet aus von ihr, mein volk, daß ihr nicht teilhaftig werdet ihrer sünden, auf daß ihr nicht empfahet etwas von ihren plagen. Denn ihre sünden reichen bis in den himmel, und Gott denkt an ihren frevel. Bezahlet sie, wie sie bezahlet hat, und macht's ihr zwiefältig nach ihren werken; und in welchem kelch sie eingeschenkt hat, schenket ihr zwiefältig ein. Wie viel sie sich herrlich gemacht und ihren mutwillen gehabt hat, so viel schenkt ihr qual und leid ein. Denn sie spricht in ihrem herzen: Ich sitze als eine königin und bin keine witwe, und leid werde ich nicht sehen. Darum werden ihre plagen auf einen tag kommen, tod, leid und hunger; mit feuer wird sie verbrannt werden; denn stark ist Gott der herr, der sie richten wird.

Und es werden sie beweinen und sie beklagen die könige auf erden, die mit ihr gehuret und mutwillen getrieben haben, wenn sie sehen werden den rauch von ihrem brand; und werden von ferne stehen vor furcht ihrer qual und sprechen: Weh, weh,

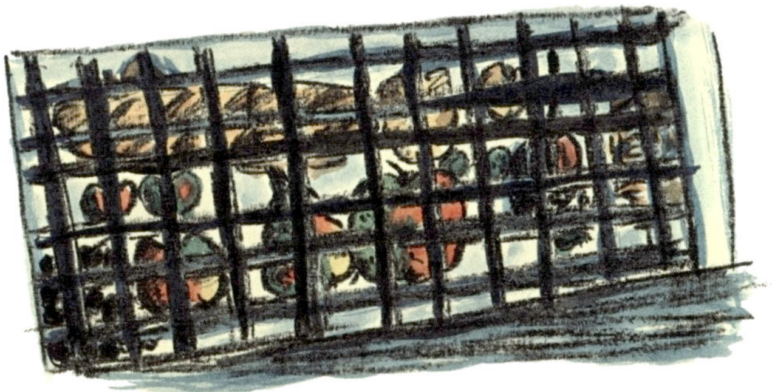

die große stadt babylon, die starke stadt! Auf eine stunde ist dein gericht kommen. Und die kaufleute auf erden werden weinen und leid tragen über sie, weil ihre ware niemand mehr kaufen wird, die ware des golds und silbers und edelgesteins und die perlen und köstliche leinwand und purpur und seide und scharlach und allerlei thinenholz und allerlei gefäß von elfenbein und allerlei gefäß von köstlichem holz und von erz und von eisen und von marmor, und zimmett und räuchwerk und salbe und weihrauch und wein und öl und semmelmehl und weizen und vieh und schafe und pferde und wagen und leiber und seelen der menschen. Und das obst, dar deine seele lust an hatte, ist von dir gewichen, und alles, was völlig und herrlich war, ist von dir gewichen, und du wirst solches nicht mehr finden. Die händler solcher ware, die von ihr sind reich worden, werden von ferne stehen vor furcht ihrer qual, weinen und klagen und sagen: Weh, weh, die große stadt, die bekleidet war mit köstlicher leinwand und purpur und scharlach, und übergüldet war mit gold und edelgestein und perlen! Denn in einer stunde ist verwüstet solcher reichtum. Und alle schiffherren und der haufe, die auf den schiffen hantieren, und schiffleute, die auf dem meer hantieren, stunden von ferne und schrieen, da sie den rauch von ihrem brande sahen, und sprachen: Wer ist gleich der großen stadt? Und sie warfen staub auf ihre häupter, und schrieen, weineten und klagten und sprachen: weh, weh, die große stadt, in welcher reich worden sind alle, die da schiffe im meer hatten, von ihrer ware! Denn in einer stunde ist sie verwüstet. Freue dich über sie, himmel und ihr heiligen und apostel und propheten; denn Gott hat euer urteil an ihr gerichtet.

Und ein starker engel hub einen großen stein auf als einen mühlstein, warf ihn ins meer, und sprach: Also wird mit einem sturm verworfen die große stadt babylon und nicht mehr erfunden werden. Und die stimme der sänger und saitenspieler, pfeifer und posauner soll nicht mehr in dir gehöret werden, und kein handwerksmann einiges handwerks soll mehr in dir erfunden werden, und die stimme der mühle soll nicht mehr in dir gehöret werden; und das licht der leuchte soll nicht mehr in dir leuchten; und die stimme des bräutigams und der braut soll nicht mehr in dir gehöret werden; denn deine kaufleute waren fürsten auf erden; denn durch dei-

ne zauberei sind verirret worden alle heiden; und das blut der propheten und der heiligen ist in ihr erfunden worden, und aller derer, die auf erden erwürget sind.
Danach hörte ich eine stimme großer scharen im himmel, die sprachen: Halleluja! Heil und preis, ehre und kraft sei Gott, unserm herrn! Denn wahrhaftig und gerecht sind seine gerichte, daß er die große hure verurteilet hat, welche die erde mit ihrer hurerei verderbte, und hat das blut seiner knechte von ihrer hand gerochen. Und sprachen zum andernmal: Halleluja!
Und der rauch gehet auf ewiglich. Und die vier und zwanzig ältesten und die vier tiere fielen nieder und beteten an Gott, der auf dem stuhl saß, und sprachen: Amen, halleluja! Und eine stimme ging von dem stuhl: Lobet unsern Gott, alle seine knechte, und die ihn fürchten, beide, klein und groß!
Und ich hörte als eine stimme einer großen schar und als eine stimme großer wasser und als eine stimme starker donner, die sprachen: Halleluja! denn der allmächtige Gott hat das reich eingenommen. Lasset uns freuen und fröhlich sein, und ihm die ehre geben! denn die hochzeit des lammes ist kom-

men, und sein weib hat sich bereitet. Und es ward ihr gegeben, sich anzutun mit reiner und schöner leinwand. Die köstliche leinwand aber ist die gerechtigkeit der heiligen. Und er sprach zu mir: Schreibe: Selig sind, die zum abendmahl des lammes berufen sind. Und er sprach zu mir: Dies sind wahrhaftige worte Gottes. Und ich fiel vor ihn zu seinen füßen, ihn anzubeten. Und er sprach zu mir: Siehe zu, tu es nicht! Ich bin dein mitknecht und deiner brüder, die das zeugnis Jesu haben. Bete Gott an! Das zeugnis aber Jesu ist der geist der weissagung. Und ich sah den himmel aufgetan; und siehe, ein weiß pferd, und der darauf saß hieß treu und wahrhaftig, und er richtet und streitet mit gerechtigkeit. Seine augen sind wie eine feuerflamme, und auf seinem haupt viel kronen; und hatte einen namen geschrieben, den niemand wußte denn er selbst; und war angetan mit einem kleide, das mit blut besprenget war, und sein name heißt das wort Gottes. Und ihm folgete nach das heer im himmel auf weißen pferden, angetan mit weißer und reiner leinwand. Und aus seinem munde ging ein scharf schwert, daß er damit die heiden schlüge; und er wird sie regieren mit der eisernem stabe; und er tritt

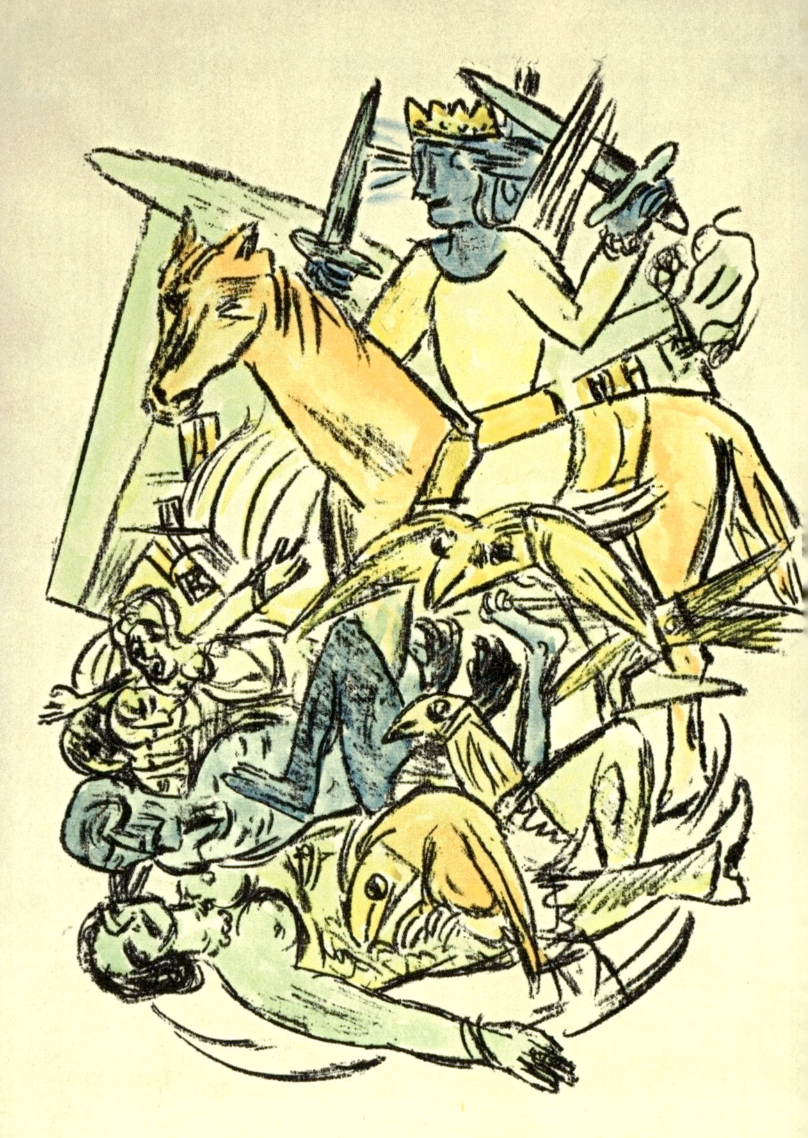

die kelter des weins des grimmigen zorns Gottes des allmächtigen. Und hat einen namen geschrieben auf seinem kleid und auf seiner hüfte also: Ein könig aller könige und ein herr aller herrn.
Und ich sah einen engel in der sonne stehen; und er schrie mit großer stimme und sprach zu allen vögeln, die unter dem himmel fliegen: Kommt und versammelt euch zu dem abendmahl des großen Gottes, daß ihr esset das fleisch der könige und der hauptleute und das fleisch der starken und der pferde und derer, die draufsitzen, und das fleisch aller freien und knechte, beide der kleinen und der großen. Und ich sah das tier und die könige auf erden und ihre heere versammelt, streit zu halten mit dem, der auf dem pferde saß, und mit seinem heer. Und das tier ward gegriffen und mit ihm der falsche prophet, der die zeichen tat vor ihm, durch welche er verführte, die das malzeichen des tiers nahmen, und die das bild des tiers anbeteten; lebendig wurden diese beide in den feurigen pfuhl geworfen, der mit schwefel brannte. Und die andern wurden erwürget mit dem schwert des, der auf dem pferde saß, das aus seinem munde ging; und alle vögel wurden satt von ihrem fleisch.

Und ich sah einen engel vom himmel fahren, der hatte den schlüssel zum abgrund und eine große kette in seiner hand. Und er griff den drachen, die alte schlange, welche ist der teufel und satan, und band ihn tausend jahre, und warf ihn in den abgrund, und verschloß ihn, und versiegelte oben darauf, daß er nicht mehr verführen sollte die heiden, bis daß vollendet würden tausend jahre; und danach muß er los werden eine kleine zeit. Und ich sah stühle, und sie setzten sich darauf, und ihnen ward gegeben das gericht; und die seelen derer die enthauptetet sind um des zeugnisses Jesu und um des worts Gottes willen, und die nicht angebetet hatten das tier noch sein bild, und nicht genommen hatten sein malzeichen an ihre stirn und auf ihre hand, diese lebten und regierten mit Christo tausend jahre. Die andern toten aber wurden nicht wieder lebendig, bis daß tausend jahre vollendet wurden. Dies ist die erste auferstehung. Selig ist der und heilig, der teilhat an der ersten auferstehung; über solche hat der andere tod keine macht, sondern sie werden priester Gottes und Christi sein und mit ihm regieren tausend jahre.

Und wenn tausend jahre vollendet sind, wird der

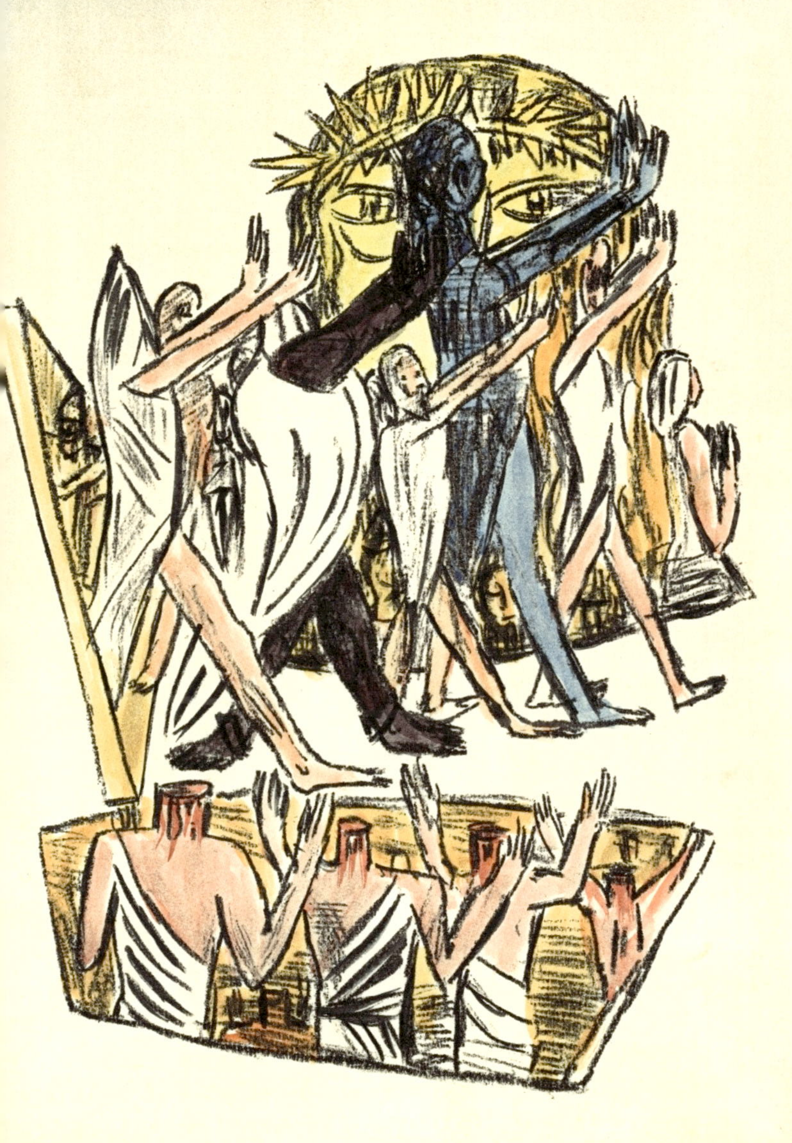

satanas loswerden aus seinem gefängnis, und wird ausgehen, zu verführen die heiden an den vier enden der erde, den gog und magog, sie zu versammeln zum streit, welcher zahl ist wie der sand am meer. Und sie zogen herauf auf die breite der erde, und umringeten das heerlager der heiligen und die geliebte stadt. Und es fiel feuer von Gott aus dem himmel und verzehrte sie. Und der teufel, der sie verführte, ward geworfen in den feurigen pfuhl und schwefel, da auch das tier und der falsche prophet war; und werden gequälet werden tag und nacht von ewigkeit zu ewigkeit.
Und ich sah einen großen weißen stuhl und den, der drauf saß, vor des angesicht floh die erde und der himmel; und ihnen ward keine stätte erfunden. Und ich sah die toten, beide, groß und klein, stehen vor Gott; und bücher wurden aufgetan, und ein ander buch ward aufgetan, welches ist des lebens. Und die toten wurden gerichtet nach der schrift in den büchern, nach ihren werken. Und das meer gab die toten, die darinnen waren; und der tod und die hölle gaben die toten, die darinnen waren; und sie wurden gerichtet, ein jeglicher nach seinen werken. Und der tod und die hölle wurden geworfen in

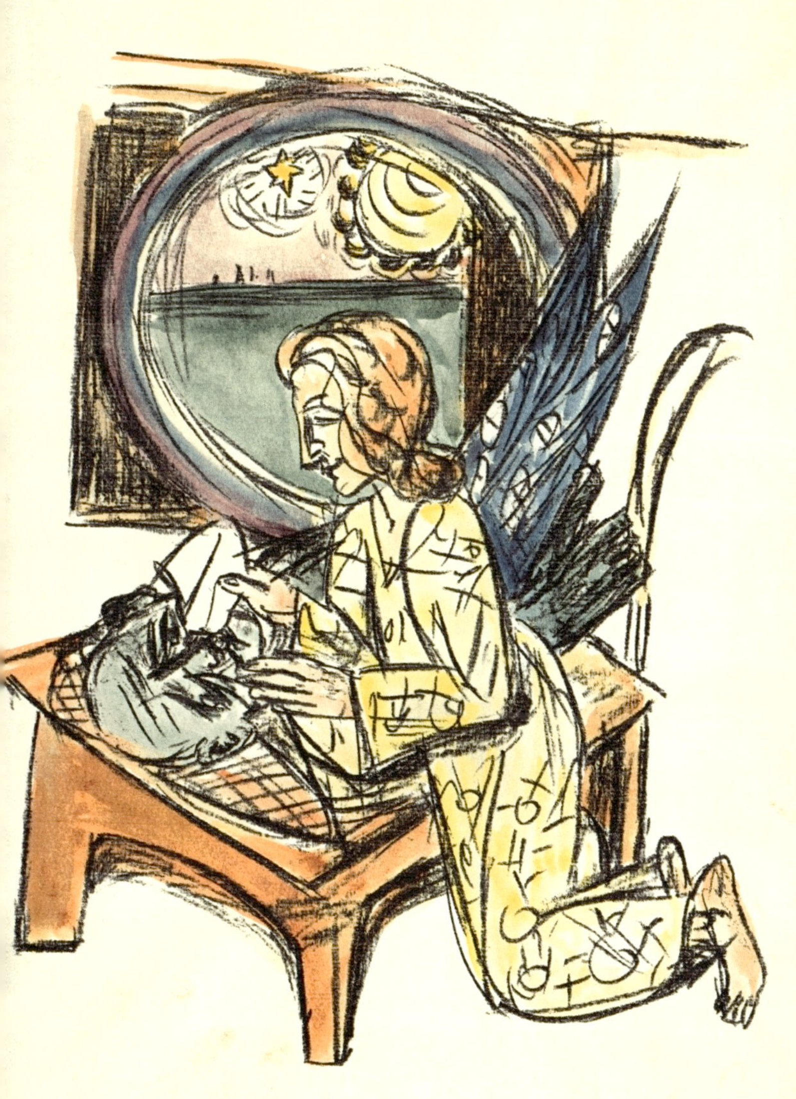

den feurigen pfuhl. Das ist der andere tod. Und so jemand nicht ward erfunden geschrieben in dem buch des lebens, der ward geworfen in den feurigen pfuhl.

Und ich sah einen neuen himmel und eine neue erde; denn der erste himmel und die erste erde verging, und das meer ist nicht mehr. Und ich, Johannes, sah die heilige stadt, das neue jerusalem, von Gott aus dem himmel herabfahren, bereitet als eine geschmückte braut ihrem mann. Und hörte eine große stimme von dem stuhl, die sprach: Siehe da, die hütte Gottes bei den menschen; und er wird bei ihnen wohnen, und sie werden sein volk sein, und er selbst, Gott mit ihnen, wird ihr Gott sein; und Gott wird abwischen alle tränen von ihren augen; und der tod wird nicht mehr sein, noch leid noch geschrei noch schmerz wird mehr sein; denn das erste ist vergangen. Und der auf dem stuhl saß, sprach: Siehe, ich mache alles neu. Und er spricht zu mir: Schreibe; denn diese worte sind wahrhaftig und gewiß. Und er sprach zu mir: Es ist geschehen. Ich bin das A und das O der anfang und das ende. Ich will dem durstigen geben von dem brunnen des lebendigen wassers umsonst. Wer überwindet, der wird's alles ererben, und ich werde sein Gott sein, und er wird mein sohn sein. Den verzagten aber und ungläubigen und greulichen und totschlägern und hurer und zauberer und abgöttischen und allen lügnern, deren teil wird sein in dem pfuhl, der mit feuer und schwefel brennet; das ist der andere tod. Und es kam zu mir einer von den sieben engeln, welche die sieben schalen voll hatten der letzten sieben plagen, und redete mit mir und sprach: Komm, ich will dir das weib zeigen, die braut des lammes. Und führte mich hin im geist auf einen großen und hohen berg, und zeigte mir die große stadt, das heilige jerusalem, herniederfahren aus dem himmel von Gott; die hatte die herrlichkeit Gottes, und ihr licht war gleich dem alleredelsten stein, einem hellen jaspis; und hatte eine große und hohe mauer und hatte zwölf tore und auf den toren zwölf engel, und namen darauf geschrieben, nämlich der zwölf geschlechter der kinder israel. Vom morgen drei tore, von mitternacht drei tore, vom mittag drei tore, vom abend drei tore. Und die mauer der stadt hatte zwölf gründe und auf denselbigen die namen der zwölf apostel des lammes. Und der mit mir redete, hatte ein gülden rohr, daß er die stadt messen sollte und ihre tore und mauer. Und die stadt liegt viereckig, und ihre länge ist so groß als die breite. Und er maß die stadt mit dem rohr auf zwölf tausend feld wegs. Die länge und die breite und die höhe der stadt sind gleich. Und er maß ihre mauer, hundert und vier und vierzig ellen, nach menschenmaß, das der engel hat. Und der bau ihrer mauer war von jaspis, und die stadt von lauterm golde gleich dem reinen glase. Und die gründe der mauer um die stadt waren geschmücket mit allerlei edelgesteine. Der erste grund war ein jaspis; der andere ein saphir, der dritte ein chalzedonier, der vierte ein smaragd, der fünfte ein sardonyx, der sechste ein sarder, der siebente ein chrysolith, der achte ein beryll, der neunte ein topas, der zehnte ein chrysopras, der elfte ein hyazinth, der zwölfte ein amethyst. Und die zwölf tore waren zwölf perlen, und ein jeglich tor war von einer perle; und die gassen der stadt waren lauter gold als ein durchscheinend glas. Und ich sah keinen tempel darinnen; denn der herr, der allmächtige Gott, ist ihr tempel und das lamm. Und die stadt bedarf keiner sonne noch des mondes, daß sie ihr scheinen; denn die herrlichkeit Gottes erleuchtet sie, und ihre leuchte ist das

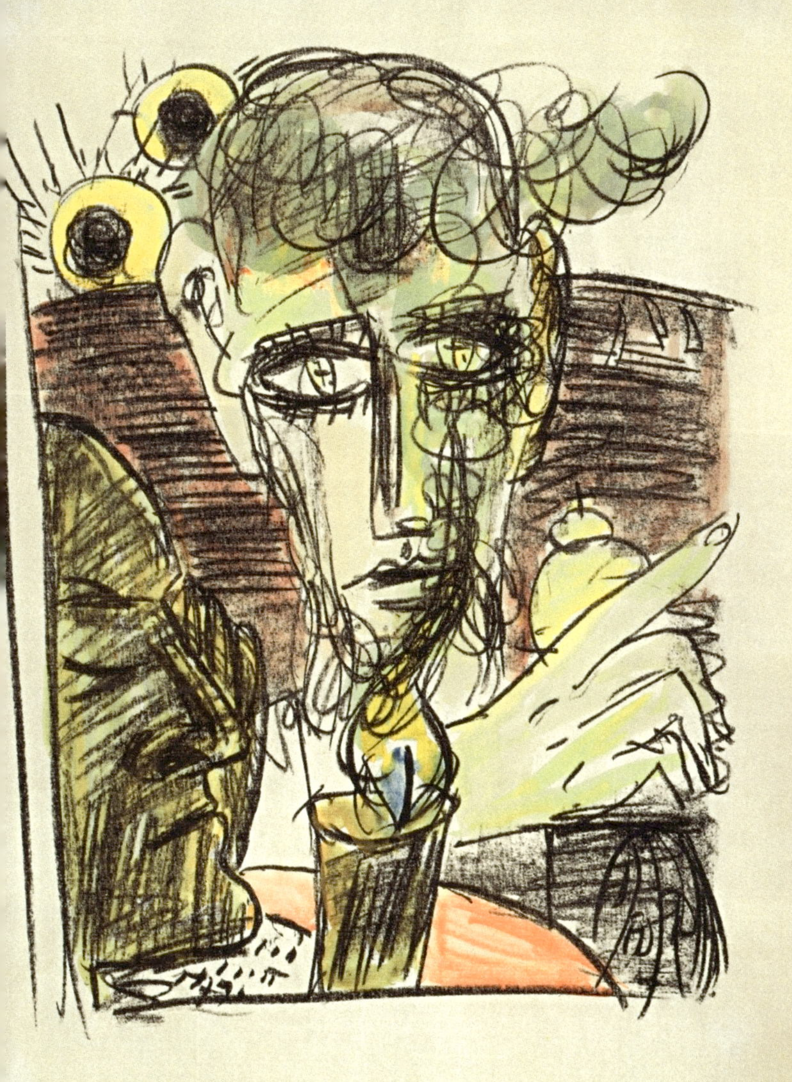

lamm. Und die heiden, die da selig werden, wandeln in demselbigen licht; und die könige auf erden werden ihre herrlichkeit in dieselbige bringen. Und ihre tore werden nicht verschlossen des tages; denn da wird keine nacht sein. Und man wird die herrlichkeit und die ehre der heiden in sie bringen. Und wird nicht hineingehen irgendein gemeines, und das da greuel tut und lüge, sondern die geschrieben sind in dem lebensbuch des lammes.
Und er zeigte mir einen lautern strom des lebendigen wassers, klar wie ein kristall; der ging von dem stuhl Gottes und des lammes. Mitten auf ihrer gasse auf beiden seiten des stromes stund holz des lebens, das trug zwölfmal früchte, und brachte seine früchte alle monate; und die blätter des holzes dieneten zu der Gesundheit der heiden. Und wird kein verbanntes mehr sein; und der stuhl Gottes und des lammes wird darinnen sein; und seine knechte werden ihm dienen und sehen sein angesicht; und sein name wird an ihren stirnen sein. Und wird keine nacht da sein, und werden nicht bedürfen einer leuchte oder des lichts der sonne; denn Gott der herr wird sie erleuchten, und sie werden regieren von ewigkeit zu ewigkeit. Und er sprach zu mir:

Diese worte sind gewiß und wahrhaftig; und der herr, der Gott der geister der propheten, hat seinen engel gesandt, zu zeigen seinen knechten, was bald geschehen muß. Siehe, ich komme bald. Selig ist, der da hält die worte der weissagung in diesem buch. Und ich bin Johannes, der solches gesehen und gehört hat. Und da ich's gehöret und gesehen, fiel ich nieder, anzubeten zu den füßen des engels, der mir solches zeigte. Und er spricht zu mir: Siehe zu, tu es nicht; denn ich bin dein mitknecht und deiner brüder, der propheten, und derer, die da halten die worte dieses buchs; bete Gott an. Und er spricht zu mir: versiegle nicht die worte der weissagung in diesem buch; denn die zeit ist nahe. Wer böse ist, der sei fernerhin böse; und wer unrein ist, der sei fernerhin unrein; aber wer fromm ist, der sei fernerhin fromm; und wer heilig ist, der sei fernerhin heilig. Siehe, ich komme bald, und mein lohn mit mir, zu geben einem jeglichen, wie seine werke sein werden. Ich bin das A und das O, der anfang und das ende, der erste und der letzte. Selig sind, die seine gebote halten, auf daß sie macht haben an dem holz des lebens und zu den toren eingehen in die stadt. Denn draußen sind die hunde und die zauberer und die hurer und die totschläger und die abgöttischen und alle, die liebhaben und tun die lüge. Ich Jesus habe gesandt meinen engel, solches euch zu zeugen an die gemeinen. Ich bin die wurzel des geschlechts david, der helle morgenstern. Und der geist und die braut sprechen: Komm! Und wer es höret, der spreche: Komm! Und wen dürstet, der komme; und wer da will, der nehme das wasser des lebens umsonst. Ich bezeuge allen, die da hören die worte der weissagung in diesem buch: So jemand dazu setzet, so wird Gott zusetzen auf ihn die plagen, die in diesem buch geschrieben stehen. Und so jemand davontut von den worten des buchs dieser weissagung, so wird Gott abtun sein teil vom holz des lebens und von der heiligen stadt, von welchen in diesem buch geschrieben ist. Es spricht, der solches zeuget: Ja, ich komme bald. Amen, ja komm, herr Jesu!

Die gnade unsers herrn Jesu Christi sei mit euch allen! Amen.

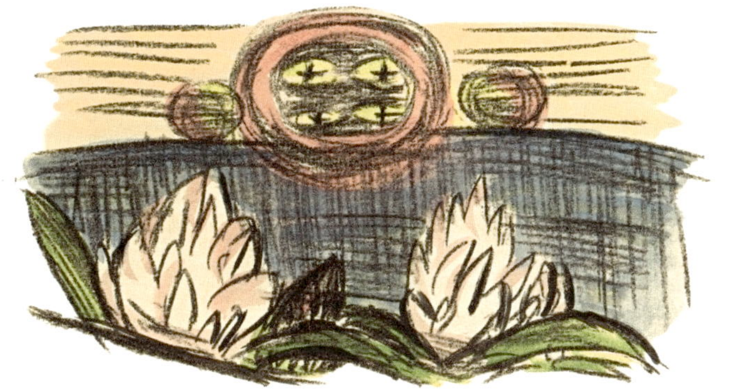

Im vierten Jahr des Zweiten Weltkriegs, als »Gesichte des apokalyptischen Sehers grauenvolle Wirklichkeit wurden«, entstanden im Amsterdamer Exil Max Beckmanns Lithographien zu den »Offenbarungen des Johannes«. Die Zeichnungen wurden nach Deutschland geschmuggelt, zusammen mit dem Luther-Text in kleiner Auflage gedruckt, fünf Exemplare hat Beckmann von Hand koloriert. Als Textschrift wurde die von F. H. E. Schneidler entworfene »Legende« verwendet. Die vorliegende Ausgabe enthält den vollständigen Text und alle farbigen Illustrationen Beckmanns, als Schrift wurde die ebenfalls von Schneidler stammende Schrift »Stempel Schneidler« eingesetzt, der Stand der Illustrationen, angeglichen an das Format der Insel-Bücherei, orientiert sich an der Originalausgabe.

Annette Schavan

GOTT WIRD ABWISCHEN ALLE TRÄNEN

Der ägyptische Bischof Athanasius war der Erste, der die Offenbarung des Johannes in den Kanon des Neuen Testamentes aufnahm.[1] Die Heilsgeschichte mündet in eine visionäre Schau. Alle Rede über Gott wird übertroffen. War die bisherige Erkenntnis bruchstückhaft, so kündigt sich jetzt die Zeit der Enthüllung an. Gott hat den Anfang gesetzt. Er bestimmt auch das Ende. Jetzt soll klar werden, was zu erwarten ist, wenn sich die Geschichte vollendet. Die Gemeinden werden ermahnt, sich nicht der heidnischen Gesellschaft anzupassen. Die Ereignisse überstürzen sich. Massen treten auf. Jubel und Zorn schaffen sich Raum. Gewalt ist kein Tabu. Die Bilder verwirren. Diese visionäre Schau des Johannes ist überwältigend und sprengt die menschlichen Dimensionen von Raum und Zeit.

1 Elaine Pagels, Apokalypse. Das letzte Buch der Bibel wird entschlüsselt, München 2013, 134.

Die Offenbarung des Johannes ist ein Buch, dem viele Namen gegeben wurden. »Die geheime Offenbarung ist ein Buch des Trostes«, sagt Romano Guardini. Johannes habe »keine Theologie der Geschichte oder der letzten Dinge«[2] dargelegt. Er wollte seinem bedrängten Volk beistehen. Die Botschaft sei die Versicherung, dass der Messias, an den sie glaubten, lebe und »jedem seinen genauen Wert gibt und ewig währt«.[3] Gott löst sein Versprechen der Treue gegenüber den Bedrängten ein. Nichts geht verloren, alles ist aufgehoben.

»Das merkwürdigste Buch der Bibel und das umstrittenste«,[4] nennt Elaine Pagels die Offenbarung. Sie sei populär und unverständlich und »rührt an etwas tief in der menschlichen Natur Verwurzeltes«.[5] Das Buch verdeutliche einen »leidenschaftlichen Protest gegen die Tyrannei der Tatsachen«, indem es den Logos sichtbar mache.[6] Gegen alle Erfahrung

2 Romano Guardini, Der Herr. Betrachtungen über die Person und das Leben Jesu Christi, Ostfildern-Paderborn 2007, 588.

3 Ebd., 589.

4 Pagels, ebd., 9.

5 Pagels, ebd., 10.

6 Knut Backhaus, Apokalyptische Bilder? Die Vernunft der Vision in der Johannes-Offenbarung: Evangelische Theologie. Zweimo-

der Bedrängnis steht die Offenbarung für den Sieg der Gerechtigkeit. »Die Apokalypse des Johannes ist ein entzündetes, leidenschaftliches Buch.«[7] Friedhelm Hofmann bezeichnet das »einzige prophetische Buch des Neuen Testamentes«[8] als »ein Buch mit sieben Siegeln«[9] und greift damit ein Bild aus dem Text auf. Dieses Buch gibt Einblick in bislang Unvorstellbares und führt zugleich Bilder und Redensarten ein, die sich im kulturellen Gedächtnis der Menschheit bis heute erhalten haben.

Martin Luther tat sich mit der Offenbarung des Johannes offenkundig schwer. »Mein Geist kann sich in das Buch nicht schicken.«[10] In seiner Vorrede aus dem Jahr 1530 bemängelt er, es gebe in diesem Buch keine klare Weissagung, die Bilder blieben ohne Auslegung, und so kritisiert er »eine verborgene, stumme Weissagung«,[11] wenn es denn doch eine

natsschrift, 64. Jahrgang (59. Jahrgang der neuen Folge), 6/2004, 421-437, 437.

7 Ebd., 436.

8 Friedhelm Hofmann, Ein-Blicke in Gedanken. Bildbetrachtungen zur Geheimen Offenbarung des Johannes, Würzburg 2010, 4.

9 Ebd., 9.

10 Ebd., 62.

11 Ebd., Vorrede 1530, 63.

Botschaft gebe, dann die des Trostes und der Mahnung.[12] Er rät den »Klüglingen« unter den Lesern, sie mögen angesichts ihrer Vorstellungen von Christen als »ein heilig, friedlich, einträchtig, freundlich, tugendreich Volk« die Offenbarung lesen, die genügend »grausame Ärgernisse und Mängel« zeige. »Diese sollen das Buch lesen und die Christenheit mit anderen Augen denn mit der Vernunft ansehen lernen.«[13] Am Ende resümiert er: »In Summa: unsere Heiligkeit ist im Himmel, da Christus ist, und nicht in der Welt, vor den Augen, wie ein Kram auf dem Markt. Darum laß Ärgernis, Rotten, Ketzerei und Gebrechen sein und schaffen, was sie mögen. So allein das Wort des Evangeliums bei uns rein bleibt und wirs lieb und wert haben, so sollen wir nicht zweifeln, Christus sei bei uns und mit uns, wenngleich aufs ärgste hergehet, wie wir hier in diesem Buche sehen, daß Christus durch und über alle Plagen, Tiere, böse Engel, dennoch bei und mit seinen Heiligen ist und endlich obsiegt.«[14]
Max Beckmann hat den Text der Offenbarung des

12 Ebd., 64 f.
13 Ebd., 65.
14 Ebd., 66.

Johannes in der Übersetzung von Martin Luther gelesen. Johannes war vor dem Krieg in seiner Heimat Judäa auf die Insel Patmos geflüchtet. Der Text entstand vermutlich dort 90 nach Christus.[15]

Max Beckmann lebte seit 1937 in Amsterdam auf der Flucht vor den Nationalsozialisten, die seine Kunst als »entartet« verfolgten. Hier entstand seine Lithographienfolge. Die Vision der »Apokalypse« vermittelte dem Künstler Hoffnung und Trost: »Es scheint, dass ich weiterleben soll.« Er schuf »ein grundlegendes Werk zur Symbolik der Vernichtung und Erneuerung der Menschheit«.[16]
Luther wiederum hatte nach seinem Hadern mit dem Text erkannt, dass er die »kraftvolle Bildersprache der Apokalypse gegen die katholische Kirche einsetzen konnte«, die wiederum das Buch den »protestierenden Christen« vorhielt.[17] Die Wucht der Bilder war geeignet zum Kampf um die Deutungshoheit der christlichen Botschaft. Dennoch

15 Pagels, 15.

16 Volker Rattemeyer, Beckmanns Apokalypse, Vorwort in: Max Beckmann, Apokalypse, Wiesbaden 2004, 8.

17 Pagels, 11.

machen sie einen Unterschied zu Bildern, die wir landläufig apokalyptisch nennen. Vor ihnen graut uns. Sie brennen sich in unsere Erinnerung ein. Sie sind Teil des kulturellen Gedächtnisses. Sie finden Eingang in die Geschichtsbücher. Sie wirken lähmend, lösen Entsetzen aus und machen sprachlos. Sie beschreiben das Ende. Nicht so in der Apokalypse des Johannes. Hier wird das Ende zur Entscheidungssituation. Aus dem Ende erwächst der Anfang. Die Wiederkunft des Herrn bedeutet den Sieg über das Böse und die Klärung seiner Botschaft. Am Ende geht eben nichts verloren. Alles ist aufgehoben.

In der Offenbarung des Johannes fand Beckmann die Wucht des Desaströsen und den Blick auf einen kraftvollen Neubeginn. Er schuf Bilder, die ihn vor der Verzweiflung bewahrten. »Er nimmt sein Leben auf sich, Bedrohung und Verfolgung werden zu Bildern: Denn ›Gestaltung ist Erlösung‹. Die Arbeit an der ›Apokalypse‹ ist Selbstgestaltung und Erlösung in der Zeit.«[18]

18 Peter Beckmann, Die Arbeit Max Beckmanns an seinen Zeichnungen zur »Apokalypse«, in: Max Beckmann, Apokalypse, 23.

Am Ende der Mappe, die seine Bilder und den Text der Johannes-Apokalypse in der Übersetzung Martin Luthers enthielt, schrieb er: »im vierten jahre des zweiten weltkrieges, als gesichte des apokalyptischen sehers grauenvolle wirklichkeit wurden, ist dieser druck entstanden.«[19]

Die Zeichnungen wurden nach Deutschland geschmuggelt, zusammen mit dem Luther-Text in kleiner Auflage gedruckt, fünf Exemplare hat Beckmann von Hand koloriert.

Die Offenbarung des Johannes richtet sich in ihren Bildern gegen die römischen Truppen. Sie will zugleich das eigene Volk ansprechen: Juden, die sich zum Messias bekennen. Johannes fürchtet die Anpassung an weltliche Verhältnisse und an die Symbiose von Politik und Religion. »Die Wirkabsicht des Buches ist es, seinen Gemeinden im Kampf um die christliche Identität kämpferisch das Rückgrat zu stärken und dem gebannten Blick auf das scheinbar attraktive Römerreich die entgrenzte Perspektive eines anziehenden Himmels entgegenzusetzen.«[20] Die Gemeinden sollen sich von Gott her

19 Beckmann, Apokalypse, Vorwort, 7.

20 Backhaus, 424.

verstehen und »zu einer unterscheidbar christlichen Lebensform« kommen.[21]

Die Briefe an die sieben Gemeinden, die in der Offenbarung breiten Raum einnehmen, geben einen Einblick in die Verfassung der jungen Kirche, ihre Stärken, ihre Versuchungen und ihre Auseinandersetzungen. Die wiederum stehen exemplarisch für Situationen, in die die Kirche im Laufe der Geschichte immer wieder gekommen ist.
Die Gemeinde von *Ephesus,* einst von Paulus gegründet (Apg 19) und später von Timotheus betreut (1 Tim 1,3), hat sich von ihrer früheren Ausstrahlungskraft entfernt. Es mangelt ihr nicht an Aktivitäten. Die aber sind zunehmend mit Selbstgefälligkeit verbunden. »Aber ich habe gegen dich, daß du die erste Liebe verlässt« (Offb 2,4), heißt es. Diese Mahnung wird verbunden mit der Aufforderung: »So denke nun daran, wovon du abgefallen bist, und tue Buße, und tue die ersten Werke« (2,5). So verbinden sich Anerkennung, Mahnung und Erinnerung an bessere Zeiten.

21 Backhaus, 425.

Die Gemeinde in *Smyrna* ist arm, wenig selbstbewusst und umgeben von einer reichen Kaufmannsstadt. Sie fürchtet die Verfolgung, weil sie den Kaiserkult ablehnt.

Sie erfährt Zuspruch und Stärkung. »Ich kenne deine Bedrängnis und deine Armut« (2,9). Der Reichtum der Kaufleute wird als vordergründig bezeichnet gegenüber dem bleibenden Reichtum, den der auferstandene Herr ihr zuteilwerden lässt, wenn sie in der Bedrängnis treu bleibt. »Fürchte dich nicht vor dem, was du leiden wirst« (2,10).

In *Pergamon* ragt die prächtige Akropolis mit Tempeln und Palästen empor. Hier stehen der Pergamonaltar und die älteste Stätte des Kaiserkultes in Kleinasien sowie das große Wallfahrtsheiligtum des Asklepios, des Gottes der Heilkunst.[22] Vom »Thron Satans« ist die Rede. Das kann sich auf die prächtigen Bauten ebenso beziehen wie auf die Atmosphäre heidnischer Religiosität.[23] In Pergamon leben Christen, die klar entschieden sind, an der Botschaft festzuhalten. [...] »und du hältst an meinem Namen

22 Vgl. dazu Eduard Schick, Geistliche Schriftlesung, Band 23, Die Apokalypse, Düsseldorf 1983 (2. Auflage), 47 ff.

23 Ebd., 47.

fest und hast den Glauben an mich nicht verleugnet, auch nicht in den Tagen, als Antipas, mein treuer Zeuge, bei euch getötet wurde, da, wo der Satan wohnt« (2,13). Sie erfahren Anerkennung für ihre Entschiedenheit und werden gemahnt, sich nicht durch falsche Lehren beeinflussen zu lassen. »Du hast Leute dort, die sich an die Lehre Bileams halten, der den Balak lehrte, die Israeliten zu verführen, vom Götzenopfer zu essen und Hurerei zu treiben« (2,14). Die Gemeinde ist ein Beispiel für Anfechtungen von innen und außen.

Ganz anders bewertet Johannes die Lage in der Gemeinde in *Thyatia.* Ihr werden Fortschritte gegenüber früheren Zeiten bescheinigt. Ihr wird versichert, dass Irrlehrer bestraft werden, und den Treuen wird zugesagt: »Ich will nicht noch eine Last auf Euch werfen; doch was ihr habt, das haltet fest, bis ich komme« (2,24 f.).

Von der Gemeinde in *Sardes* ist wenig übrig geblieben. Sie ist nahezu ausgestorben. »Werde wach und stärke das andere, das sterben will, denn ich habe deine Werke nicht als vollkommen befunden vor meinem Gott« (3,2). Ihr wird vorausgesagt, dass sie vor dem Gericht nicht bestehen wird. Aber auch hier wird nicht der vorübergehend miserable Zustand der Gemeinde allein gesehen und hingewiesen auf die, die »ihre Kleider nicht besudelt« (3,4) haben. Sie werden nicht ausgetilgt aus dem »Buch des Lebens« (3,5).

Die kleine Gemeinde in *Philadelphia* wird gelobt ob ihrer guten Verfassung und ermuntert, nicht nachzulassen im Glauben. »Weil du mein Wort von der Geduld bewahrt hast, will auch ich dich bewahren vor der Stunde der Versuchung, die kommen wird über den ganzen Weltkreis, zu versuchen, die auf Erden wohnen« (3,10). Sie sollen nicht auf der Strecke stehen bleiben, vielmehr durchhalten bis zum Ziel. »Siehe, ich komme bald; halte, was du hast, dass niemand deine Krone nehme« (3,10).

Um die Gemeinde in *Laodizea* hatte sich bereits Paulus Sorgen gemacht (Kol 2,1). Johannes nennt sie lau und unentschieden. »Ich kenne deine Werke, dass du weder kalt noch warm bist. Ach, dass du kalt oder warm wärest« (Offb 3,15). Ihr Reichtum hat die Christen dort pragmatisch und bequem werden lassen. Ihre Integration in die Welt ist gelungen. Sie fallen nicht mehr auf und sind selbstgerecht. Sie können sich alles leisten, auch karitative

Werke, sind aber ohne Leidenschaft. Sie leben in Selbsttäuschung und glauben, sich vor Gott und den Menschen sehen lassen zu können. Es scheint ihnen nichts zu fehlen, materiell und auch im Blick auf ihr Selbstbewusstsein. Sie erfahren Zuwendung, Strenge und Orientierung. »Welche ich lieb habe, die weise ich zurecht und züchtige ich. So sei nun eifrig und tue Buße« (3,19). Und um die Konzentration auf das Wesentliche noch einmal zu verstärken, fügt Johannes hinzu: »Siehe, ich stehe vor der Tür und klopfe an. Wenn jemand meine Stimme hören wird und die Tür auftun, zu dem werde ich hineingehen und das Abendmahl mit ihm halten und er mit mir« (3,20).

Keine Gemeinde wird aufgegeben. In allen Briefen wird deutlich, was den Grundgedanken der Offenbarung ausmacht: Alles wird erkannt, alles wird ausgesprochen, nichts bleibt verborgen, nichts geht verloren, alles ist beim Herrn aufgehoben. Scharfe Kritik geht nicht mit Ablehnung einher. Wer bedrängt ist, wird getröstet. Wer sich schwertut, wird ermahnt und bekommt Hinweise für mehr Leidenschaft im Kampf gegen die heidnische Welt, gegen Vereinnahmung und heraufkommende Irrlehren in den eigenen Reihen. So wird erkennbar, was Guardini meint, wenn er von der Offenbarung als einem Buch des Trostes spricht.

Die Briefe an die Gemeinden sind zeitlos. So und so ähnlich ist es in Gemeinden zu allen Zeiten zugegangen. Das gilt für Zeiten der Bedrängnis ebenso wie in Zeiten der Akzeptanz. Über die Texte lässt sich gut meditieren, wenn wir über christliche Existenz, über Gemeinden und über die Kirche nachdenken.[24] Sie greifen eine Lebensfrage in der 2000-jährigen Geschichte des Christentums auf. Sie betrifft das Verhältnis der Christen zur Welt. Im Johannesevangelium spricht Jesus die Spannung an, die christliche Existenz prägt: »… sie sind in der Welt« und doch »nicht von der Welt« (Joh 17,11+16). Immer wieder ist diese Feststellung in seinen Abschiedsreden zur Quelle von Debatten innerhalb der Gemeinden geworden. Sie ist eine Provokation in allen innerkirchlichen Debatten über Anpassung und Abgrenzung, über die angemessene christliche

24 So hat es Papst Franziskus jüngst in seinem Buch »Offener Geist und gläubiges Herz. Biblische Betrachtungen eines Seelsorgers« (Freiburg 2013) getan.

Lebensform und die Fähigkeit zu kulturprägendem Wirken. Die Lebensfrage heißt schlicht: Wer prägt wen? Sie hat zu Auseinandersetzungen geführt. Sie war ein Motiv für neue Wege, die Christen gegangen sind, wenn sie den Eindruck gewonnen haben, dass die natürliche Spannung nachgelassen hat und die Wirksamkeit der christlichen Botschaft hinter ihren Möglichkeiten blieb.
Sie ist ein Auslöser für Berufungsgeschichten sowie für die Gründung von Orden und geistlichen Bewegungen. Die Patroninnen und Patrone Europas – Benedikt von Nursia, Kyrill und Method, Caterina von Siena, Birgitta von Schweden, Edith Stein – stehen dafür ebenso wie Martin von Tours, der Vater des abendländischen Mönchtums, und viele andere. So unterschiedlich ihre Lebensgeschichten und ihr Wirken ist, sie haben diese Spannung gespürt und daraus Veränderungen abgeleitet, die kulturelle Spuren hinterlassen haben, und neue Traditionen in ihrem Verhältnis zur sie umgebenden Welt in ihrer Zeit begründet. Sie stehen für ein ausgeprägtes Bewusstsein vom christlichen Glauben, der eine Freiheit meint, die Gesellschaft und Kultur verändern kann. Sie nehmen einen Gestaltungsanspruch

wahr, der zu allen Zeiten relevant war und den letztlich auch Johannes in seinen Briefen meint. Seine Ermutigung, selbst für die Gemeinden, die kaum noch Kraft haben, bezieht sich immer auch darauf, den vielfältigen Reichtümern dieser Welt den unvergänglichen Reichtum entgegenzuhalten, der durch Jesu Leben und Wirken sichtbar geworden ist. Christen halten danach an der Freiheit fest, zu der sie berufen sind (Gal 5,1). Sie verlieren sich nicht in der Welt mit ihren Erwartungen und Ansprüchen. Sie lassen sich nicht vereinnahmen. Integrationsversuche zu allen Zeiten, die auf die vollkommene Angleichung an die Verhältnisse hinauslaufen, müssen dann scheitern.

Das nimmt niemanden aus der Welt, schärft gleichwohl den Blick auf die Welt. Jesus verbindet damit die Bitte an den Vater: »Ich bitte dich nicht, dass du sie aus der Welt nimmst, sondern dass du sie bewahrst vor dem Bösen. Sie sind nicht von der Welt, wie auch ich nicht von der Welt bin« (Joh 17,15).

Das Herzstück der Offenbarung des Johannes ist der letzte große Kampf. »Und es erschien ein großes Zeichen am Himmel: eine Frau, die mit der Sonne bekleidet, und der Mond unter ihren Füßen und auf ihrem Haupt eine Krone von 12 Sternen. Und sie war schwanger und schrie in Kindsnöten und hatte große Qual bei der Geburt« (12,1f.). Johannes ruft die Menschwerdung Gottes in Erinnerung, wie überhaupt seine Bilder – wie in Träumen üblich – auf das ihm bekannte Repertoire zurückgreifen. Mit der Frau erscheint der Satan in Gestalt des Drachen. »Und es erschien ein anderes Zeichen am Himmel, und siehe, ein großer, roter Drache, der hatte sieben Häupter und zehn Hörner und auf seinen Häuptern sieben Kronen« (12,3). Das Kind wird geboren und gerät in Gefahr. Davor wird es bewahrt, weil die Mutter in die Wüste flieht, »wo sie einen Ort hatte, bereitet von Gott, dass sie dort ernährt werde tausendzweihundertsechzig Tage« (12,6). Dann wird der letzte Kampf eröffnet. »Michael und seine Engel kämpften gegen den Drachen« (12,7). In seinem Zorn darüber, dass Michael diesen Kampf verliert, entscheidet er sich, »zu kämpfen gegen die Übrigen von ihrem Geschlecht, die Gottes Gebote halten und haben das Zeugnis Jesu« (12,17). Der Antichrist tritt auf in Gestalt eines Tieres. Seine

Beschreibung fällt schaurig aus. Was dem Satan nicht gelungen ist, soll das Tier schaffen. »Und die ganze Erde wunderte sich über das Tier und sie beteten den Drachen an, weil er dem Tier die Macht gab, und beteten das Tier an und sprachen: Wer ist dem Tier gleich und wer kann mit ihm kämpfen« (13,3 f.)?

Das Tier weckt mit geschickter Rede Aufmerksamkeit und macht sich die Erde gefügig. Nicht aber die Heiligen. »Hier ist Geduld und Glaube der Heiligen« (13,9). Ein weiteres Tier tritt auf. Es wirkt harmlos und steht im Dienst des ersten Tieres, dessen Wesen es erklärt und dessen Macht es offenbart. Der Antichrist soll religiös verklärt werden. Schließlich erhalten alle, die ihm folgen, ein Zeichen. Wer keines hat, geht zugrunde. Es heißt: »dass niemand kaufen oder verkaufen kann, wenn er nicht das Zeichen hat, nämlich den Namen des Tieres oder die Zahl seines Namens« (13,17).

Es folgt auf dem Berg Sion, dem Tempelberg in Jerusalem, die Vision des Lammes »und mit ihm hundertvierundvierzigtausend, die hatten seinen Namen und den Namen seines Vaters geschrieben auf ihrer Stirn« (14,1). Das Lamm erscheint als Sieger, die Auserwählten sind vollzählig versammelt. Sie singen »ein neues Lied« (14,3). Nur sie kennen das Lied, und von ihnen heißt es: »Diese sind's, die sich mit Frauen nicht befleckt haben, denn sie sind jungfräulich; die folgen dem Lamm nach, wohin es geht. Diese sind erkauft aus den Menschen als Erstlinge für Gott und das Lamm und in ihrem Mund wurde kein Falsch gefunden; sie sind untadelig« (14,4). Ein Engel tritt auf und spricht: »Fürchtet Gott und gebt ihm die Ehre, denn die Stunde seines Gerichts ist gekommen« (14,7)!

Ein zweiter Engel verkündet den Fall der Stadt Babylon. »Sie ist gefallen, sie ist gefallen, Babylon, die große Stadt, denn sie hat mit dem Zorneswein ihrer Hurerei getränkt alle Völker« (14,8). Der dritte Engel klärt über die Entscheidungssituation auf: »Wer das Tier anbetet, wird den Wein des Zornes Gottes trinken« (14,19) und weist auf die Heiligen hin. »Hier ist Geduld der Heiligen! Hier sind, die da halten die Gebote Gottes und den Glauben an Jesus« (14,12)!

Auf den weiteren Bildern erscheinen Engel, die mit einem scharfen Winzermesser die Trauben »am

Weinstock der Erde« (14,18) abschneiden und sieben Schalen des Zornes Gottes ausgießen, die sieben Plagen über die Erde bringen (16,1-21). Noch einmal wird der Untergang Babylons verkündet. »Sie ist gefallen, sie ist gefallen, Babylon, die große; und ist eine Behausung aller unreinen Geister und ein Gefängnis aller unreinen Vögel und ein Gefängnis aller unreinen und verhassten Tiere« (18,2). Im Endgericht scheiden sich die Geister. Jubel bricht aus auf der Seite der Heiligen, Zähneknirschen bei denen, die das Tier, den Antichrist anbeten. Die einen werden zum Hochzeitsmahl gerufen. Ein Engel ruft selbst die Vögel zum Mahl. Die anderen werden vernichtet.

Es sind befremdliche Bilder von Gewalt und Untergang. Es kommt die Erinnerung an Sodom und Gomorrha auf (Gen 19,24). Ein Reiter auf einem weißen Pferd erscheint und »richtet und kämpft mit Gerechtigkeit« (19,11). Ihm folgt »das Heer des Himmels auf weißen Pferden, Angaben mit weißem reinen Leinen« (19,14).

Das Weltgericht vollzieht sich vor einem »großen, weißen Thron und dem, der darauf saß« (20,11). Davor stehen die Toten. »Bücher werden aufgetan. Und

ein anderes Buch wurde aufgetan, welches ist das Buch des Lebens« (20,12). In den Büchern ist alles verzeichnet. Danach wird gerichtet »nach ihren Werken« (20,12).
Nach dem Weltgericht sieht Johannes »einen neuen Himmel und eine neue Erde, denn der erste Himmel und die erste Erde sind vergangen, und das Meer ist nicht mehr. Und ich sah die heilige Stadt, das neue Jerusalem, von Gott aus dem Himmel herabkommen, bereitet wie eine geschmückte Braut für ihren Mann« (21,1 f.). Er hört die Stimme, die verkündet: »Gott wird abwischen alle Tränen von ihren Augen, und der Tod wird nicht mehr sein, noch Leid noch Geschrei noch Schmerz wird mehr sein – denn das Erste ist vergangen« (21,4).

Die alte Welt vergeht. Eine neue Welt entsteht. Im Anfang, den Gott gesetzt hat, ist das Ende eingeschlossen. Geschichte vollzieht sich nicht in Zyklen von Bestehen und Vergehen. Sie entwickelt sich linear. Und in dieser Geschichte bleibt die Lebensfrage zu allen Zeiten, wie Christen sich verstehen als »in der Welt«, aber nicht »von der Welt«. Immer war die Symbiose von Religion und Politik fatal, führte zu Verwerfungen und Gewalt. Zu den großen zivilisatorischen Leistungen gehören die Toleranzedikte und Neutralitätserklärungen der Geschichte, die den Staat in die Pflicht nehmen, nicht Wächter über eine Religion zu sein, sondern Minderheiten zu schützen und Raum für die Ausübung von Religion zu geben. Im Römischen Reich endete damit die Zeit der Christenverfolgung. In Europa war nach den konfessionellen Bürgerkriegen des 16. und 17. Jahrhunderts mit der Akzeptanz von Neutralität die Grundlage für die Entstehung des modernen Staates gelegt.[25] Im Dialog der Weltreligionen heute ist die Trennung von Religion und Politik eine Schlüsselfrage. Nur so schützt Religion sich vor Ideologisierung. Nur so vermag sich im Gemeinwesen bürgerliche Freiheit zu etablieren. Keine Religion soll den Staat und das Gemeinwesen in die Pflicht nehmen, um die eigenen Wahrheiten durchzusetzen. Wo das geschieht, herrschen Gewalt und Verfolgung – bis heute.

»In der Welt«, aber nicht »von der Welt« schließt

25 Vgl. dazu Ernst-Wolfgang Böckenförde, Recht, Staat, Freiheit. Studien zur Rechtsphilosophie, Staatstheorie und Verfassungsgeschichte, Frankfurt/M. 1999.

Interesse an der Welt, Gestaltungswillen und die Kraft zu kultureller Prägung ein. Aber eben nicht Gleichsetzung der einen mit der anderen. Die neue Welt kommt vom Himmel, so hat Johannes es formuliert. Den Himmel auf die Erde holen zu wollen ist bekanntlich nie gutgegangen. Dem Menschen gereicht solche Hybris nicht zum Heil. An dieser Hybris sind die großen Ideologien gescheitert. Aber warten und auf Gott hoffen, das zeigen die Briefe an die Gemeinden, reicht auch nicht aus. Wer glaubt, zittert nicht. Er weiß um den Wert der Botschaft, dass am Ende nicht alles scheitert. Er weiß um die Kraft der Freiheit, die das Herzstück der Einladung Jesu, des menschgewordenen Gottes, ist. Er weiß auch darum, dass Gerechtigkeit nicht aufgeschoben werden darf bis zum Ende.

Um was geht es also? Ganz gewiss nicht um Gott als einen Buchhalter, wie die Schilderung des Weltgerichtes mit dem Hinweis auf die Bücher suggerieren kann. Wohl eher um die aufrichtige Suche nach den Wegen, um der Gerechtigkeit den Boden zu bereiten. Vielleicht auch um die Leidenschaft für die Freiheit, die innerlich unabhängig werden lässt von den Aufregungen, den Versuchungen und den vergänglichen Reichtümern. Das kann die Kultur moderner Gesellschaften vor Verengungsgeschichten bewahren.

Die Offenbarung des Johannes hat zu allen Zeiten verwirrt und fasziniert zugleich. Dieser Text der Antike hat immer dann »gewirkt«, wenn in Zeiten des Umbruchs Endzeitängste aufkamen. Er trifft heute auf eine Zeit, in der sich Menschen zu verlieren fürchten, und in eine Situation, in der Religion im globalen Gespräch einen enormen Bedeutungszuwachs erhalten hat; ihr ist damit eine neue Verantwortung zugefallen.

Johannes beschreibt Bilder. Es sind Bilder aus seinem Traum, der zeitweilig auch ein Albtraum ist. Der Seher schöpft aus der Fülle der Bilder, Geschichten und Symbole, die ihm bekannt sind. Aber der Text bündelt auch auf seine eigene Weise die Fragen und Situationen, in die Menschen geraten, die sich um den Glauben bemühen, um das rechte Maß an Weltzugewandtheit und Weltdistanz, jenes Maß, das verhindert, sich in der Welt zu verlieren, und das ermöglicht, die Verengungsgeschichten zu spüren, die oft unbemerkt entstehen können. Es wird immer enger, weil dem, was möglich ist, kein Konzept entgegengesetzt werden kann, das der Freiheit Raum schafft. Aus der Freiheit heraus entstehen die Offenheit und Weite, die am Ende der Offenbarung des Johannes das Volk nach jener Freiheit rufen lässt, die allein in Gott gegeben ist: Komm, Herr – Maranatha.

Erste Auflage 2014. Gesetzt in der Schrift Stempel Schneidler. Gedruckt auf holzfreies, alterungsbeständiges Werkdruckpapier der Firma Cordier, Bad Dürkheim, vom Memminger MedienCentrum.
Gebunden in Fadenheftung von der Buchbinderei Spinner, Ottersweier. Printed in Germany
ISBN 978-3-458-19397-5